[加]
亨利·明茨伯格
Henry Mintzberg
|
著

薛香玲 徐二明 译

写给
管理者的
睡前故事

BEDTIME
STORIES
FOR MANAGERS
Farewell to Lofty Leadership...
Welcome Engaging Management

机械工业出版社
CHINA MACHINE PRESS

Henry Mintzberg. Bedtime Stories for Managers: Farewell to Lofty Leadership... Welcome Engaging Management.

Copyright © 2019 by Henry Mintzberg.

Simplified Chinese Translation Copyright © 2024 by China Machine Press.

Simplified Chinese translation rights arranged with Henry Mintzberg through Andrew Nurnberg Associates International Ltd. This edition is authorized for sale in the Chinese mainland (excluding Hong Kong SAR, Macao SAR and Taiwan).

No part of this book may be reproduced or transmitted in any form or by any means, electronic or mechanical, including photocopying, recording or any information storage and retrieval system, without permission, in writing, from the publisher.

All rights reserved.

本书中文简体字版由 Henry Mintzberg 通过 Andrew Nurnberg Associates International Ltd. 授权机械工业出版社在中国大陆地区（不包括香港、澳门特别行政区及台湾地区）独家出版发行。

未经出版者书面许可，不得以任何方式抄袭、复制或节录本书中的任何部分。

除特别注明外，本书中所有照片皆为莉萨·明茨伯格（Lisa Mintzberg）拍摄。

北京市版权局著作权合同登记　图字：01-2020-0153 号。

图书在版编目（CIP）数据

写给管理者的睡前故事 /（加）亨利·明茨伯格著；薛香玲，徐二明译. -- 北京：机械工业出版社，2025.

1. -- ISBN 978-7-111-76993-4

Ⅰ. C93-49

中国国家版本馆 CIP 数据核字第 2024J4A906 号

机械工业出版社（北京市百万庄大街 22 号　邮政编码 100037）

策划编辑：白　婕　　　　　　　　责任编辑：白　婕
责任校对：杨　霞　张慧敏　景　飞　责任印制：张　博
北京联兴盛业印刷股份有限公司印刷
2025 年 1 月第 1 版第 1 次印刷
147mm×210mm · 6.75 印张 · 3 插页 · 104 千字
标准书号：ISBN 978-7-111-76993-4
定价：69.00 元

电话服务　　　　　　　　　　网络服务
客服电话：010-88361066　　　机　工　官　网：www.cmpbook.com
　　　　　010-88379833　　　机　工　官　博：weibo.com/cmp1952
　　　　　010-68326294　　　金　书　网：www.golden-book.com
封底无防伪标均为盗版　　　　机工教育服务网：www.cmpedu.com

Foreword | 推荐序

2018年5月,我飞赴日本,参加一个领导力工作坊。同行的还有光明乳业前董事长王佳芬,惠普前全球副总裁、中国区总裁孙振耀,美特斯邦威前总裁王泉庚等人,以及领教工坊创始人、明茨伯格的学生肖知兴。

明茨伯格?就是那个著名的明茨伯格——亨利·明茨伯格,写过《管理者而非MBA》《战略历程》的亨利·明茨伯格。作为明茨伯格的学生,肖知兴邀请我们去参加他的老师组织的一个工作坊。

我非常期待参加这次工作坊,因为我虽然就是明茨伯格口中那种"百无一用的MBA",但对他尖锐的批评,还真是咬得牙痒痒——虽然不服气,还不得不服气,只能哼哼着"你别说,还真是有道理"。

参加工作坊之前,我读过很多明茨伯格的书。我最喜欢的是《战略历程》,因为润米咨询是一家战略咨询公司,我多次用这本书给客户做"什么是战略"的科普，所以我特别希望有机会和明茨伯格讨教战略的问题。

但是，见到明茨伯格本人，说实话，我有些失望。

为什么？

因为明茨伯格工作坊讨论的问题是：人类如何与社区和谐共处。这当然是非常好的，我也理解每一位大师，最终都会登上100楼，以解决整个人类的问题为人生使命。比如，我前老板的老板的老板的老板——比尔·盖茨。

但是，我也觉得非常可惜。我怕以后再也听不到一位真正的智者，对在1楼、2楼发生的问题，发表那些充满洞察力的看法。

所以，当机械工业出版社找到我，邀请我给明茨伯格的新书《写给管理者的睡前故事》作序的时候，我欣喜若狂。

天哪，明茨伯格还愿意从100楼坐电梯下来，给1楼的管理者讲睡前故事！这太令人惊喜了。

我花了一个下午，迫不及待地读完了这本书，然后掩卷大笑。这本书不适合睡前读，而适合你每天专门早起15分钟，读一篇。

为什么？

小时候，妈妈给你讲睡前故事的时候，都是说美好（但可能虚构）的故事，帮助你进入甜美的梦乡。但是明茨伯格，他的"睡前故事"继承了《管理者而非MBA》的犀利风格，给你讲了一个又一个残酷（但非常真实）的故事。比如，明茨伯格会给你讲：

- 一位CEO如何写向董事会要求给自己降薪的邮件。
- "领导者来做正确的事，管理者则去正确地做事"这句话有多么荒谬。
- 如何用"高效管理""杀掉"一个交响乐团。

读完这些故事，估计你会出一身冷汗，断然是睡不着的。但是，这身冷汗，酣畅淋漓。

我们对管理、对战略，有太多"美妙"的谬见。明茨伯格对这个时代的价值，就是一个个地刺破它们。这也是我们热爱他的原因。

读完这本书，我心满意足，而我写下这段文字，是满怀欣喜地告诉你：那个明茨伯格，还在。他又出书了，对，还是一如既往地犀利和深刻。

你一定要读这本睡前故事，但是，记住，一定要在起床后读,然后洗个热水澡,认真地去那个真实的世界,上班。

刘　润
润米咨询创始人,"5分钟商学院"主理人
微软前战略合作总监
《底层逻辑》一书作者

Preface 译者序

出版社的朋友打电话来，让我合作翻译一下明茨伯格的新书《写给管理者的睡前故事》。我欣然答应了，想为介绍明茨伯格先生的战略管理思想再尽一份绵力。

说到明茨伯格先生，不同的人有不同的说法。有的人说他是世界著名的战略管理学者，高不可攀；有的人说他是管理学界的离经叛道者，一个"老愤青"；有的人说他是一个单车骑行痴迷者、滑冰爱好者，但他更爱在自己别墅前的小湖上随独木舟任意飘荡……

他的书、他的观点更会使一些人发狂、发癫、发痴。2005年夏天，我在哈佛商学院参加培训。在课堂上，一位哈佛的老教授提到明茨伯格先生所著《管理者而非MBA》一书中的观点，表现得极其愤怒，顺手将放在讲台上的这本书扔出了门外，嘴里还不断地说"垃圾、垃圾"。这对我这个来自文明古国的人来说，可算是奇葩。还没有等我反应过来，这位老教授又跑到门口，把书捡了回来。他一边掸着书皮,一边自嘲地说,"亨利,可是我的老朋友了"。

我与明茨伯格先生结缘,是从翻译他的书开始的。那是 1986 年,中国人民大学的李老师找到我,说要翻译明茨伯格先生的《卓有成效的组织》(*Structure in Fives*)。我一边艰涩地翻译,一边半懂不懂地揣摩明茨伯格先生那独特的管理理念,并同我在实践中所看到的现象做比较。

1988 年 9 月加拿大麦吉尔大学管理学院开学,为了更直接地了解明茨伯格先生的思想,我选了他所教授的博士课程。班上的博士生不算多,他们来自蒙特利尔的四所大学,有的人讲英语,有的人讲法语。明茨伯格先生的法语听起来不如英语流利,但还是能够用法语回答问题。

每次上课,他都会有一个 10 分钟的开场白,然后请到课的每位博士生简短地讲一则当天的新闻,他也会分享一个。然后就言归正传,问大家在读了上一堂课布置的厚厚的阅读材料以后有无问题。言外之意,没有问题就可以下课了。当然,没有一个学生愿意什么都没听到就下课,便争先恐后地问起问题。这样一来,明茨伯格先生就没有主动讲过课，都是在回答问题。这种不拘一格的教学方法，实在令我惊奇不已。此外，在课堂讨论时，他还不按套路出牌，比如有一次，明明我们讨论的内容是组织结构，一位同学在那里大谈一首抒情诗的结构，却博得了他的青睐。

上了几次课后，我突然感到明茨伯格先生是一位带有很强哲学意味的管理学者。不仅是他的教学方法，更重要的是他对管理实践与理论的思考方式总能独辟蹊径。

在翻译明茨伯格先生的这本新书时，我更是感受到了这一点。这本书实际上是他所写过的全部书的浓缩本，也可以说是他一生学术观点的精华本。明茨伯格先生在本书的开场白中已经告诉我们了：管理者要走下高高在上的领导神坛……组织要像一整头牛那样运作……战略可以像花园里的杂草那样生长……因为非凡的想法来自平凡的人……

为了让你能理解他的观点，他说，"给你一个提示：书中有一系列的比喻。除了牛和花园、西式炒蛋，还有指挥家的管理神话、'硬数据'的软肋、蜜蜂般的董事会、放血疗法似的减员"，"因为我的最离谱的一些想法后来反而最受赞誉——有些事情是需要时间才能为众人所接受的"。

　　说白了，就是你要对自己所看到的事物有一个正确的独立思考过程，不可人云亦云。这正是"竹杖芒鞋轻胜马，谁怕？一蓑烟雨任平生"。在这个过程中，有两个字要记住，即信与疑。明茨伯格先生之所以在理论上有所创新，对所面对的管理现象有新的解释，就是因为他不是简单地接受以往的管理理论，而是从一个新的角度去思考问题，从而得出自己的结论。

　　读读这本书。读后，掩卷思考，想想那些比喻，是不是神来之笔？！

古稀叟徐二明
2020 年初于汕头
中国人民大学教授　汕头大学商学院院长

Contents | 目录

推荐序（刘润）

译者序（徐二明）

晚上好 // 001

第一章 | 管理的故事 // 007

管理西式炒蛋 //009　指挥家的管理神话 //011　管理与领导 //015　选择有缺点的管理者 //018　没有灵魂的管理在蔓延 //022　网络时代的管理 //027　决策：与你的想法不同 //033　战略可以像花园里的杂草那样生长 //036

第二章 | 组织的故事 // 041

组织就像一整头牛 //043　领导力之外的社区力 //046　网络不是社区 //048　是自上而下地转变，还是行动在一线 //051　组织的类别 //057　为什么我们只说"高层管理者"，而从不提"基层管理者" //063　受够了"竖井"？换成"平板"怎么样 //068　可管理的和不可管理的工作 //071　蜜蜂般的董事会 //076

第三章 | 分析的故事 // 081

分析师：分析您自己吧 //083　天哪：一个高效的交响乐团 //087
"效率"还会有问题？很多 //089　"硬数据"的软肋 //092　棘手的任务：评估管理 //097
管理、医学等领域的证据和体验 //100　国民幸福如何变成总值 //103

第四章 | 发展的故事 // 107

杰克的转身 //109　MBA 担任 CEO：一些令人担忧的事实 //112
让管理者参与实践 //121　不要光坐在那儿 //127

第五章 | 情境的故事 // 133

管理家族企业 //135　全球化？还是全球视角 //141　谁有能力管理医院 //145
管理政府，治理管理 //148

第六章 | 责任的故事 // 151

姗姗来迟的一封信：CEO 致董事会 //153　减员：21 世纪的放血疗法 //157
生产率与破坏性的生产率 //161　不是偶发的丑闻，而是综合征 //163
欢迎企业社会责任 2.0 //166

第七章 | 明天的故事 // 171

寻常创造力的不寻常力量 //173　客户服务：流于表面，还是发自内心 //176
更多等于更好吗 //179　做好自己："第一"这个标准太低了 //188　起床啦 //191

注释 //193

晚上好

　　离线了？好极了。欢迎来读《写给管理者的睡前故事》。本书文风诙谐，立意严肃：管理者要走下高高在上的领导神坛，脚踏实地参与管理。怎么做呢？组织要像一整头牛那样运作，而不只是一张牛的部位分解图……这样，战略可以像花园里的杂草那样生长……因为非凡的想法来自平凡的人……他们各有其处事之道，不是从一个模子里倒出来的。

　　本书的第一章奠定了全书的基调，讲述了一家正在走下坡路的航空公司的 CEO 如何安坐在头等舱里，而经济舱的乘客却只能吃所谓的西式炒蛋。在我们这个乱成一锅粥的纷杂世界里，管理者们必须吃这些西式炒蛋。

几年前，我开了一个博客（mintzberg.org/blog），试图提炼并分享那些隐藏在晦涩出版物中的毕生见解。后来，我看到一本写给蒙特利尔曲棍球队球迷的故事书，一共101篇故事。它太棒了！在睡觉前读上一两个小故事，真是完美的睡前阅读！于是我想，我也可以把博客文章结集成书给管理者看。管理者结束了一天的工作（如果他还能停下来的话），准备睡觉时，在床上读读这本书，该是多好的时光！

想想那些你所了解和最钦佩的组织：

- 它们是由人力资源构成的群体，还是由人组成的社区？
- 它们总是**思考在先**，还是为了更好地思考，有时候**观察在先**或者**行动在先**？
- 它们痴迷于评估业绩，还是用心服务？
- 它们是一切都要**尽善尽美**，还是**尽力而为**？

如果你选择第一组答案，请阅读本书，以弄清第二组答案。如果你选择第二组答案，也请阅读本书，与选择第一组答案的人相安共处。

我在博客中写的文章不止101篇，我从中选了42篇对管理者最有意义的。出版社的人告诉我，一本书要有章节，我便做了分类，把它们分别归到管理、组织、分析等标题之下。他们还告诉我，每一章要有内容简介，使读者明白作者在本章要讨论的问题。在这一点上，我的态度很明确：不写章节介绍。我更喜欢读者能按照自己的偏好，以自己的方式去探索与思考这些小故事。不过，我坚持要求你先看第一篇故事，并把最后一篇故事放到最后来读。中间的故事内容，你可以像优秀的管理者有时候会做的那样，不拘一格地随意阅读。

阅读的过程中，希望你能好奇接下来会读到什么。给你一个提示：书中有一系列的比喻。除了牛和花园、西式炒蛋，还有指挥家的管理神话、"硬数据"的软肋、蜜蜂般的董事会、放血疗法似的减员。希望你不要对书里的一些说法感到愤愤不平，因为我的最离谱的一些想法后来反而最受赞誉——有些事情是需要时间才能为众人所接受的。

可以说，这是一本关于管理的书，但你不要期待从里面找到什么灵丹妙药。那些把问题变得复杂、故弄玄虚的书里可能才有所谓的灵丹妙药。我不期待你会带着意外收获的洞察力入睡，继而在第二天起床后精神焕发，吃过火候适宜的西式炒蛋后，能走出管理中的混沌。但是，有可能，你、你的同事，甚至你的家人，会更幸福一点点。

做个好梦！

讲故事的人

我在位于加拿大蒙特利尔的麦吉尔大学德索特管理学院担任克莱格霍恩讲座教授（Cleghorn Chair），帮助管理者在商业、医疗和内部培训方面成长。业余时间我会溜出组织的世界，滑冰、骑自行车、爬山和划独木舟。

我想我应该告诉你，我有20个荣誉学位，曾获加拿大总督功勋奖。（你可以在网站 mintzberg.org 上找到更详细的资料。例如，点击 BEAVER），会看到我所收集的艺术品；点击 BOOKS，会看到我写的所有的书，包括一本关于"飞翔的马戏团"的恐怖故事集；点击 BLOG，会看到与本书故事类似的新故事。）补充一下，这是我的第20本书，也许是我迄今为止最严肃的一本书。同时，这也是我与 BK 出版社合作的第6本书。现在，我所关注的焦点是，让世界意识到我们的社会需要重新平衡，正如我那本《社会再平衡》（Rebalancing Society）所讲的那样，希望为时未晚。

我与心爱的女儿一起，划着我心爱的独木舟

牙仙子[一]

从前，在遥远的 BK 国度，凯蒂敦促我写博客，我最终开了一个博客。后来，吉万要我把博客文章结集成册，于是就有了这本书。然后，凯蒂再度出手，跟克里斯汀一起，建议将书名改成《写给管理者的睡前故事》，而不是一

[一] 西方童话故事中的仙子。传说中，小孩子脱掉乳齿后，将乳齿放在枕头底下，夜晚时牙仙子会取走放在枕头底的牙齿，换成一枚金币或宝石。——译者注

开始的书名《管理西式炒蛋》。我们就这样开心地把书名定了下来。BK 出版社富有魅力的经理史蒂夫对这本书投入了极大的热情，出版社的其他人也积极参与了本书的出版工作，他们是拉塞尔、迈克尔、大卫、尼尔、乔安娜、玛利亚、凯瑟琳、克罗伊。除了 BK 出版社的工作人员，我还要感谢另一位大卫、肯、简和伊丽莎白。

回到家，莉萨用她闪亮的照片在故事上撒了一层魔法。达尔西也挥动着魔杖，让许多博客文章更加出彩；苏西在编辑手稿方面也同样施展了魔法。玛丽守护着整个过程，把所有噩梦变成美梦，像我的"好梦助手"圣诞老人在我 20 年的工作生涯中一直在做的那样。

我衷心地感谢所有的牙仙子，感谢你们数月以来不停地在我枕头下放上宝石。

本书献给所有那些吃着西式炒蛋，
帮助自己的组织像一整头牛那样运作的管理者。

第一章
管理的故事

松下幸之助　松下电器创始人

我的工作是只管大事和小事,而将中间层的管理授权给他人。

Bedtime
Stories
for
Managers

管理西式炒蛋

多年前的一个早上,我乘坐美国东方航空公司的飞机从蒙特利尔去纽约。这是当时世界上最大的航空公司之一,但很快就破产了。

那个时候,东方航空的飞机上提供一种他们称为"西式炒蛋"的早餐。我跟空姐说:"我吃过一些难吃得要命的飞机餐,但这个炒鸡蛋绝对是最难吃的。"

"我知道,"她说,"我们跟公司反映过很多次了,但他们不听。"

怎么会这样?如果他们经营的是一家墓园,难与客户沟通,我是可以理解的。但是,一家航空公司和客户沟通的难点在哪里?每当遇到糟糕的服务或设计差劲的产品,我都会好奇:管理层是在经营企业,还是只在看财务报表?[1]

财务分析师当然是要看财务报表的,很可能会用上座率或其他要素来解释航空公司的问题。但不要相信报表里面的任何数字,东方航空破产,是因为那些西式炒蛋。

几年后,我给一群管理人员讲了这个故事。我讲完后,IBM 公司的一个人过来和我讲了另外一个故事:

东方航空的 CEO（首席执行官）在舱门关闭前最后一分钟冲进一架航班。当时，头等舱已经满员。机组人员让已经坐在一个座位上的付费旅客把座位让给这位 CEO，并请这位旅客到后面的经济舱去坐。我猜这位 CEO 可能习惯坐在那个座位上。据说由于感到羞愧，这位 CEO 后来走到经济舱跟那位旅客道歉，并介绍自己是这家航空公司的 CEO。那位旅客回答道："哦，我是 IBM 的 CEO。"

请不要搞错，问题不在于谁的座位被调换了。在东方航空的这位 CEO 看来，高一等的舱位比合乎情理更重要。但是，管理与你习惯坐在哪个座位上没有关系，但是跟你吃西式炒蛋大有关系。

指挥家的管理神话

想象一下,管理大师正站在指挥台上:他轻轻一挥指挥棒,营销便开场;这魔棒又一动,销售就加入了进来;他的双臂再气宇轩昂地一挥,人力资源、公共关系和信息技术便奏出了和谐的乐章。这就是管理者的梦想。你甚至可以参加由指挥家策划组织的领导力工作坊。[2]

关于这个比喻,下面我要引用三段话。你读到这里,我们不妨玩一个小游戏:请投票决定哪段话最契合你对管理的理解。但是有一个特别的要求:请看完一段话后马上投票,不要都看完再投票。为了弥补这个要求可能带来的悔意,你最多可以投三次票!

管理大师中的大师彼得·德鲁克说：

> 管理者类似于交响乐团的指挥。在他的努力、远见和领导之下，各种乐器合而为一，奏出和谐而动听的音乐。不过，指挥家的一部分功劳要归于作曲家——指挥家只是诠释了作曲家的曲子。而管理者既是作曲家，又是指挥家。[3]

你会投票给"管理者既是作曲家，又是指挥家"这种观点吗？

首位严肃认真地研究瑞典CEO管理工作的瑞典经济学家苏内·卡尔松说：

> 在做这项研究之前，我一直认为CEO就像交响乐团中那远离众人、独自站在指挥台上的指挥家。现在，从某些方面来讲，我更愿意把CEO看成木偶剧里的木偶——好几百人拉动绳子，迫使这个木偶按照他们的意愿做事。[4]

你会投票给"管理者是一个木偶"这种观点吗？

专门研究美国中层管理者的伦纳德·塞尔斯说：

> 管理者就像彩排中的交响乐团的指挥家，努力指挥乐团奏出优美的乐章……但乐团成员都有各自的困难——舞台工作人员会搬动乐谱架；忽冷忽热的场地温度会让人感到不舒服，也会影响乐器的演奏效果；赞助商会毫无理由地要求修改节目单。[5]

你会投票给"管理者是彩排中的指挥家"这种观点吗？

我跟很多组管理者玩过这个游戏，结果总是一样：听完第一种说法，会有几个人举手；听完第二种说法，举手的人稍多几个；听完第三种说法，所有的人都举手！不错，管理者就像乐团的指挥家，但不是演出时的指挥家，而是在日常排练中经受千锤百炼的指挥家。当心那些溢美之词。

对于乐团的指挥家而言，他们真的是管理者吗？甚至是领导者吗？在演出之外，指挥家当然既是管理者又是领导者——他们挑选音乐家和音乐作品，在排练时把它们融合成和谐的整体。可是，观察一下指挥家在演出时的样子：

他们很大程度上是在表演。更妙的是，再看一下乐团成员在演出时的样子：他们几乎不看指挥家。这个指挥家很有可能就是一个客座指挥。你能想象到在其他任何地方会有一个客座管理者吗？⁶

谁在牵拉绳子？托斯卡尼尼还是柴可夫斯基？㊀其实，是乐团成员在牵拉绳子，同时演奏出作曲家写给各种乐器的音符。所以，作曲家才"既是作曲家，又是指挥家"。不过，在作曲家去世后，荣誉就会自然而然地归到指挥家那里。

或许整个世界就是一个舞台，所有的作曲家、指挥家、管理者和乐手都仅仅是在表演。如果是这样，没有哪位管理者应该站在那高高的指挥台上。

㊀ 托斯卡尼尼是意大利著名指挥家。柴可夫斯基是著名的俄国作曲家。——编者注

管理与领导

将领导与管理分离，并认为领导高于管理，纯属无稽之谈。这种观点不仅对管理有害，对领导力更是有百害而无一利。

有一种流行的说法：领导者来做正确的事，管理者则去正确地做事。[7]这话听起来很有道理。不过，要是你努力去做正确的事，但没有把事做正确，就会知道远不是那么回事。

有一个关于加拿大皇家银行CEO约翰·克莱格霍恩（John Cleghorn）的故事：他在去机场的路上给公司打电话，报修一台出故障的ATM机（自动柜员机）。要知道，这家银行有上千台ATM机。他这么做算是微观管理吗？不，他是在以身作则，最好的领导总是能身体力行地参与管理工作。

你被不是领导的人管理过吗？肯定让你无比沮丧。那么，被一位不参与管理的人领导又会是什么感觉呢？这种领导做事肯定离谱得很：他们不知道公司下一步要做什么。斯坦福大学商学院的詹姆斯·马奇有句话说得好，"领导既要疏通水管，又要写诗。"[8]

所以，我们不要理睬那些领导与管理相分离的说法，而要认识到领导与管理是一项工作的两个方面。难道我们被那种除了讲"大格局"之外，什么都不管的遥控式领导害得还不够惨吗？实际上，再大的格局也要脚踏实地从小处着手，一笔一笔地去描绘。

你可能听过这样一种说法：我们已经被管理过度了，但领导却不足。事实恰恰相反，我们不乏高高在上的领导，却缺乏足够的参与式管理。下面是两者的对比，你自己来选择吧。

两种管理方式

高高在上的领导方式	参与式管理方式
❶ 领导者是重要人物，他与开发产品和提供服务的员工的关系非常疏远	❶ 管理者的重要性在于他们能够帮助别人成为重要的人
❷ 职位升得越"高"，这些领导者就越重要。在公司"最高层"，CEO就是"组织"	❷ 一个有效的组织是一个相互影响的网络，而不是一个垂直的层级结构。有效的管理者的工作涉及整个网络，而不会只是居高临下、发号施令

❸ 领导制定了清晰的、目的明确的、大胆的战略,沿着层级结构传达下去。组织中的其他人只要"执行"就行了

❹ 领导工作就是做决策、分配资源(包括人力资源)。因此,领导工作就意味着根据报告内容做出筹划

❺ 有些人将自己的意志强加于他人。领导力就是要强加于这些人身上

❸ 在组织网络中浮现出战略。参与其中的人解决的小问题,会演变成大的战略

❹ 管理是自然而然地与人发生联系。因此,管理工作意味着熟知情境,形成判断,积极参与其中

❺ 领导力是一种神圣的信任,来自他人的尊敬

选择有缺点的管理者

有效的管理者/领导者应拥有什么素质?[9]你可以从各种各样的小册子里找到答案。例如,多伦多大学EMBA(高级工商管理硕士)项目的宣传册列出了如下素质:
- 挑战现状的勇气
- 在严苛的环境中依然能蓬勃发展
- 为了整体利益进行合作
- 在快速变化的世界里确定清晰的方向
- 拥有无所畏惧的决断力

麻烦的是,这些小册子讲得都不完整。例如,在上述这个册子里没有"具有基本的理解力"或者"善于倾听"这一条。但不用担心,其他小册子上列出来了。为此,我收集了所有能找到的小册子,做了一个大而全的清单,还补充了我最欣赏的几个素质。该清单附在本节末尾,一共有52个素质。拥有这52个素质,你绝对可以成为一个极其有效的管理者。只是,人,做不到。

人无完人

我们总是在美化领导力。我们把凡夫俗子捧上神坛

("鲁道夫是这个职位的完美人选,他会拯救我们!"),等他们从神坛上跌落的时候,我们又贬低他们("鲁道夫怎么能这么让我们失望?")。但是,有些管理者不在那个摇摇欲坠的神坛上,能不负众望。为何如此?

答案很简单:人无完人,成功的管理者都有缺点,不过他们的缺点对工作不会造成致命影响。通情达理的人们会以各种方式宽容彼此那些无伤大雅的缺点。

在管理者素质方面,那些理想化的小册子简直错得离谱。会有人不同意管理者必须"拥有无所畏惧的决断力"吗?英格瓦·坎普拉德(Ingvar Kamprad)把宜家管理成了迄今为止世界上最成功的零售连锁企业之一。据说,宜家用了15年的时间,"在快速变化的世界里确定清晰的方向"。事实上,宜家成功是因为家具界当时并没有快速变化,而宜家改变了这一点。

知人善任

如果每个人的缺点迟早都会暴露出来,那越早暴露越好,特别是管理者的缺点。实际上,在考量管理者时,他们的素质和缺点所占的权重应该是一样的。可惜，我们往往把注意力放在素质上，经常注意到的是"萨利擅长搭建人际关系"或者"鲁道夫富有远见"，特别是在他们的前任不擅长人际关系或者没有战略愿景的情况下。

实际上，了解一个人的缺点，只有两种方法：跟他结婚或者在他手下工作。但是，那些选择管理者的人——为总裁选择董事会成员，或为下属（真是一个可怕的词）选择高管——何曾在候选人手下工作过，更不用说与候选人结婚了。所以，在大多数情况下，他们选择了一些"媚上欺下"的人：能言善辩，为人自负，能给"上级"留下好印象，但管理"下属"时态度恶劣。

选择管理者的人必须听一听那些最了解候选人的人的意见。他们还不能去问候选人的配偶，未免有失公正，而要是有前任，则更加偏颇。但是，他们绝对可以去问问候选人下属的意见。

我不相信管理有什么神奇的魔法。但有一个方法可以大大提高管理水平，那就是在招聘过程中听取候选人下属的意见。故事讲完了，睡吧。

确保管理成功的基本素质综合清单

此清单汇编自多个来源,其中我最欣赏的素质都用斜体标出。

- 勇敢
- *尽心尽力*
- 有好奇心
- 自信
- *坦诚*
- 积极主动
- 有人格魅力
- 热情
- *能鼓舞人心*
- 有远见
- 稳定
- 可靠
- 公正
- 负责
- 品德好
- 诚实
- *深度思考*
- 有洞察力

- 开放
- 接纳(人、不确定性、意见)
- 创新性
- 善于沟通(包括当一个好的聆听者)
- 交往广泛
- 见多识广
- 觉察力强
- 精力旺盛
- 热情
- 积极向上
- 乐观
- 雄心勃勃
- 顽强
- 坚持
- 充满激情
- 始终如一

- 灵活
- 平衡
- 综合实力强
- *考虑周到*
- 聪明
- *有智慧*
- 善于分析
- 客观
- 务实
- 果断(行为导向)
- 善于合作
- 积极参与
- 有合作精神
- *有趣*
- 乐于助人
- 有同情心
- 有同理心
- 身材高大 ⊖

⊖ 我在所有的小册子上都没见过这一项,但确实有一些不同寻常的研究支持这一素质。在 1920 年出版的《管理人员及其对人的控制:关于个人效率的研究》里,作者伊诺克·伯顿·高恩想知道"管理人员的体形,包括身高和体重,与他职位的重要性"是否存在某种关联(第 22 页和第 31 页)。他发现答案是有关联。例如,主教的平均身高比小镇牧师高,教育系统管理人员的平均身高比学校校长高。从铁路管理人员、州长和其他职位那里采集到的数据也支持这一观点。但是,高恩没有研究拿破仑或者女性。

没有灵魂的管理在蔓延

一次,我的女儿莉萨在我的鞋子里留了一张字条,上面写着"该修补灵魂[○]了"。她其实并不了解"灵魂"这个词的含义。

两个护士长的故事

有一次,我们让国际医疗行业领导力硕士项目(IMHL)的成员分享经历。一位产科医生讲了他当住院医师时的一个故事。那时,他在好几家医院的病房之间穿梭,但他和同事们都"特别喜欢"在其中一家医院工作。因为那个地方让人感到"快乐":护士长非常关照他人,通情达理,尊重每一个人,用心促进医生和护士之间的合作。可以说,那是一个有灵魂的地方。

这位护士长退休之后,一个有MBA学位的护士接替了她的职位。没有"任何交谈……她就开始质疑一切"。她对护士们很严厉。有时候,她会提前到医院,看都有谁迟到。以前换班的时候,大家都有说有笑,可后来,"看见

[○] 英语中鞋底(sole)和灵魂(soul)的发音相同。——译者注

护士哭,成了家常便饭",因为新的护士长太爱批评人。

此后士气一落千丈,而且这种氛围很快蔓延到了医生那里:"两三个月的时间,那个特别好的'大家庭'就被瓦解了……我们以前都抢着去那家医院,可后来都不想再去了。"但是,"医院管理层并没有介入,或许他们还没有意识到"发生了什么变化。

你隔多长时间能听到一个这样的故事,或者有这样的亲身经历?(我一个星期能听到四个这样的故事。)有不少是关于 CEO 的。没有灵魂的管理已经成为社会的一种流行病。最糟糕的是,那些心胸狭窄、恃强凌弱的人会为一己私利,挑拨大家相争。

一家有灵魂的酒店

过了一段时间，我去英格兰参加会议，住在一家企业酒店里。这家酒店没有精神、没有灵魂，员工流失率高，与其他企业酒店没有什么区别。之后，莉萨和我去英格兰湖区，为我们的一个培训项目考察一家酒店。

一进酒店，我就爱上了这个地方。雅致的装修、精心的打理，还有真正无微不至的员工。可以说，这家酒店充满了灵魂。我研究组织有些年头了，经常一眼就能感知某个组织有没有灵魂。我能凭感觉判断一个地方是生机勃勃，还是无精打采；员工的微笑是发自内心的，还是"迎宾员式"的；服务是真诚的关心，还仅是"客户服务"。

"有灵魂是什么意思？"莉萨问道。

"等看到了，你就知道了，"我说，"注意每个细微之处。"我问一位服务员远足路线的事情，他不知道，就找来了酒店经理。酒店经理详详细细地跟我讲解了远足的路线。

"床上的抱枕可真漂亮。"我跟前台的一位年轻女士说道。

"是的，"她说，"老板在意每一个细节。那些抱枕是她亲自挑选的。"

"你在这儿工作多长时间了?"我问。

"4年了,"她自豪地说,然后一口气说出了高管们在这里的工作年头,"经理 14 年,副经理 12 年,销售部主管稍短一些。"

为什么所有的组织不能和这家酒店一样呢?大多数人,员工、顾客、管理者,只要给他们半个机会,就会**非常上心**。人有灵魂,我们的酒店和医院为什么就不能有灵魂呢?我们建立了伟大的组织,为什么却让一些根本不应该做管理的人把它搞得毫无生机?没错,灵魂该修补了,很多管理也需要修补了。

无灵魂管理的五个简单步骤

这本书里只此一处有"五个简单步骤"。每个步骤都会导致无灵魂管理。

- **只管理利润**,而不关注产品、服务和客户,好像通过管钱便可赚钱一样。
- **无计划不行动**,为每项行动都制订计划。没有自动自发，也不学习。

- **把经理调来调去**，导致他们除了（勉强）懂一点管理以外，对什么领域都不深入。
- **聘用、解雇人力资源的方式**，与购买、销售其他资源的方式如出一辙。
- **做什么事情都遵循五个简单步骤。**

为何不试试做任何事情都让五个感官保持敏捷呢？

网络时代的管理

从本质上说，管理没有变化：它是根植于艺术和手艺的实践，而不是基于分析的科学或职业。管理的主题可能会有变化，但是有效的实践并不会变。

难道说新的数字技术，特别是电子邮件，并没有改变管理的基本实践？是的，没有改变。不过，有一个例外，即数字技术强化了管理实践中长期存在的一些特征，并正在把它们推向失控的边缘。

管理的特征

我最初做研究时，发现管理是一项繁忙的工作：节奏快，压力大，重在行动，经常被打断。用一位 CEO 的话来说，管理是"一件破事连着另一件破事"。[10]管理大部分是口头工作：管理者听和说，远远多于读和写。管理者既做横向沟通，也做纵向沟通：他们中大多数人在小组外部人员身上所花的时间，与花在小组内部的时间持平，甚至更多。所有这些不是管理不善，而是管理的正常现象。

玛雅在"管理"

互联网的影响

那么，新的数字技术，尤其是电子邮件，是如何影响管理的？

- 有一点毫无疑问：数字技术让我们能够与世界各地的人实时沟通，这加快了管理的速度，增大了管理的压力，有可能也增加了管理者被打断的频率。收到电子邮件后，你最好马上回复。但不要上当。有证据表明，在互联网出现之前，管理者会"选择"被人打断工作。现在更是如此，一听到消息提示音，马上就查邮件，马上就回复。有个大公司的CEO告诉来访者："根本躲不开。都找不到一个地方沉下心来思考。"这可不是事实：你可以去任何你喜欢去的地方。

- 互联网的实时连接强化了管理者的行动导向：大家期望能更快、更及时地做所有事情。想象一下坐在电脑前的管理者，一项让人们的身体基本上得不到活动的技术，却强化了管理的行动导向，多么具有讽刺意味。携带信息的电子在空中四处飞舞，过度行动的趋势越来越严重。（如果周日晚上你正在阅读这本睡前故事，查一下邮件，因为你的老板，或你自己，可能刚发了一封邮件，通知周一早上开会。）

- 在电脑上看东西和写东西的时间越多,跟人面对面交谈或倾听彼此的时间自然就越少。一天也就那二十几个小时。你现在在电脑上看东西、写东西多了几个小时?是否占用了原本可以和员工或孩子们相处的时间,或是没法保证充足的睡眠(看了一会儿这本书之后)?
- 电子邮件的局限在于它只有贫乏的文字。我们在电子邮件里听不到对方的语气,看不到对方的肢体语言,也感受不到对方的情感。但是,管理是需要这些信息的。在电话里,人们可以开怀大笑或者小声嘟囔;开会的时候,人们会点头同意或是低头打盹。敏锐的管理者会收集到这些信息。
- 当然,电子邮件为我们跟世界各地的人保持"联系"提供了便利。但是在走廊那头的同事怎么办?坐在屏幕前面,你与他们保持联系了吗?一个政府高官曾经跟我吹嘘,他每天一大早通过电子邮件跟他的员工保持联系。这可能是跟电脑键盘保持了联系,跟员工有联系吗?

管理的这些快节奏行为只有在一定程度范围内才是正常的,超出这个范围就会带来风险。新技术魔鬼的一面体现在细节里:当繁忙变成疯忙,管理者就会对自己的工作失去控制，这会威胁到组织的健康运营。互联网带给人们一切尽在掌握中的假象，而实际上可能剥夺了很多管理者对自己工作的控制。

因此，数字时代可能让很多管理实践濒临失控，使其变得非常疏远和肤浅。所以，不要让新技术管理你，不要被它迷惑住。看清它的危险，了解它的趣点，应该是你来管理技术。关掉这些设备吧！做个好梦！

☕ 我们真的生活在大变革时代吗

当一位 CEO 坐在笔记本电脑前准备一篇演讲稿时，电脑会自动打出这些字："我们生活在大变革时代。"之所以如此，是因为在过去 50 年里，几乎每篇演讲稿都以这句话开头。**这点从来没变。**

我们**真的**生活在大变革时代吗？看看你周围，告诉我哪些东西发生了根本性的变革。你吃的食物、你用的家具、你的朋友，还是你迷恋的东西？你打领带或穿高跟鞋吗？为什么如此装扮？除了你一直都这么穿，还有其他理由吗？要不看看你汽车的引擎？很可能它采用的基本技术还跟福特 T 型车一样。你今早穿衣服的时候，有没有跟自己说：**如果我们生活在大变革时代，为什么我们还在用扣子呢？**（我们现在用的扣子和 13 世纪德国人用的扣子一样。）

我的观点是什么呢？我们只注意到了变化的东西，可是大多数东西都没变。没错，我们注意到了互联网（我敲了几下键盘，维基百科告诉了我扣子的起源），但是，请尽量看所有那些没变的东西，因为没有延续性的变化会造成混乱。

决策：与你的想法不同

……也正如你所见

我们是怎么做决策的？很简单。首先**诊断**，接下来**设计**（可能的解决方案），然后**决定**，最后**执行**（把选择付诸行动）。换句话说，我们是先思考后行动，我把这种方式叫作**思考先行**。

你一生中最重要的决策可能是：寻找伴侣。你是思考先行的吗？我们以一位男性寻找女性伴侣为例，使用下面这个模式：首先列出你希望未来伴侣拥有的一些品质，如聪颖、漂亮、腼腆；接下来列出所有可能人选；然后进行分析，根据上述标准给每位人选打分；最后把分数加总看谁胜出，并告知这位幸运的女士。

可是，她却告诉你："你在忙活这些的时候，我结婚了，现在已经有几个孩子了。"看来，思考先行还是有缺点的。

所以，你可能会用其他方式来寻找伴侣，就像我的父亲那样。有一天，他跟我的奶奶说："今天，我遇到了一个我想跟她结婚的女孩！"我跟你保证，这个决策里面真的没有多少分析，不过决策的结果很圆满。我父母的婚姻长久而幸福。

我们把这称为"一见钟情"。作为一种决策方式，我称之为**视觉先行**。如果你知道有多少重要的决策是这么来的，可能会大吃一惊。比如，面试不到两秒钟就决定聘用某人，或者买下某个专用场所的原因仅仅是你看上了它所在的这个地方。这些决策不一定是心血来潮，有可能是真知灼见。

但是，不要仓促下结论。还有另外一种更明智的决策方式，我称之为**行动先行**。你可以想象一下，如何用这种方式来寻找理想的伴侣。这么说吧，不管是做大决策还是小决策，当你不确定该怎么做的时候，你可能需要先行动后思考，而不是先思考后行动。你先采取小幅度的尝试性行动，看看是否奏效，如果没效果，就换另一种方式，直到找到有效的方式，再放手去做。也就是摸着石头过河。

当然，这种方式也有它的弊端。研究决策的特里·康诺利教授对此曾有妙语："核战争和生孩子这样的事情就不适合用'摸着石头过河'这种策略。"[11]但是，在众多决策之中，这种方式可以说很完美了。例如，你把一个产品染成蓝色，但最后，你卖出的产品可能什么颜色的都有。

你现在需要做一个重要的决策吗？好，先不要想了，明天四处看看！然后干点儿什么！到那个时候，你可能就会发现你的想法完全变了。[12]

战略可以像花园里的杂草那样生长

你需要一个战略吗？我稍微整理了一下战略领域每本书和每篇文章所讲的内容。

如此整齐地排列

注：此图由亨利·明茨伯格拍摄。

战略制定的温室模型

1. CEO 是主要的战略家，负责"种植"所有的战略。其他的管理者负责"施肥"，而咨询顾问则负责提供建议（有时候甚至直接提供战略，但不要把这个秘密告诉其他人）。

2. 规划师分析相关数据，CEO 在此基础上通过一个经过深思熟虑的受控过程制定战略。这个过程很像人们在温室里培育西红柿。

3. 战略在这个过程中完美出炉，然后在形式上被加以明确。就像西红柿成熟后，人们把它摘下来送到市场上一样。

4. 随后，就是实施这个明确的战略，包括制定预算、设计合理的结构等，即为战略建造一个温室。（如果战略失败，则错在"实施"上，也就是说，是那些笨蛋不够聪明，把 CEO 的绝妙战略给搞砸了。但是要当心，假如那些笨蛋不笨的话，他们就会问："怎么啦，你这么聪明，为什么不制定一个我们这些笨蛋也能实施的战略呢？"你看，实施失败也是战略制定的失败。）

5. 因此，管理这个战略制定过程，就是细心地播下战略这个种子，照看它，让它顺应时令生长。这样就可以在市场中杀出一条路来。

等一下，不要这就去着手制定你的战略，先看看下面的模型再说。

如此美妙地各安其位，融为一体

战略制定的草根模型

1. 战略最初像花园中的杂草一样生长，不需要像对待温室里的西红柿那样培育它们。它们可以自己生成，不需要被制定，就如一个接一个的决策与行动整合成一个有连续性的模式。换句话说，战略在学习过程中会逐渐地自然形成。如果的确需要温室，那晚点儿建造也不迟。

2. 在各种不同寻常的地方，只要人们有能力学习，并且有资源支持这种能力，战略就会在那里生根发芽。任何能抓住机会的人，都可以创造出一个可以演化成战略的想法来。例如，一位工程师遇到一位顾客，就会创造出一种新产品。没有讨论，没有计划，她就可以直接把产品做出来。新战略的种子就这样被种下了。关键是，组织不可能每次都计划出战略从哪里开始，更不用说计划出战略本身了。因此，富有成效的战略家在肥沃的土地上建造花园，让各种各样的想法在那里生根发芽。其中的佼佼者会自然而然地生长壮大。

3. 当某个人的想法传遍整个组织时，想法就变成了战略。其他工程师看到她的所作所为，便会效仿。之后，销售人员会受到想法的启发。接下来，整个组织就有了新的战略、新的运营模式，这甚至会让高层管理者大吃一惊。毕竟，杂草会迅速蔓延并长满整个花园。到那时，花园里平时种的花草反而会显得突兀。但是，杂草是什么，杂草不过是花园中意料之外的花草吧？换个角度来看，自然形成的战略就是组织看重的价值，就像欧洲人喜欢用蒲公英叶子做沙拉，而蒲公英却是让美国人头痛不已的花园杂草。

4. 当然，一个自然形成的战略一旦被认为是有价值的，便会被纳入管理范围加以推广，就像我们有选择地种植花园中的花草一样。此时，自然形成的战略就会进一步变成一个经过深思熟虑的战略。管理者只需要考虑什么时候使用已有的战略，什么时候鼓励用新战略替代原有战略。

5. 所以，管理这个过程不是计划或"种植"战略，而是识别那些自然形成的战略，并在适当的时候加以干预。一旦发现有破坏力极强的杂草，就必须立即拔除。但是，对那些有可能开花结果的杂草，还是值得我们花时间观察一下。实际上，我们有时候需要假装没注意到它们，直到它们结果或者枯萎。随后，我们可以围绕那些结了果实的杂草，不管果多果少，搭建一个温室。

忘掉战略这个词，多学习，少计划。[13] 现在你已经为战略做好了一切准备。

第二章 组织的故事

与咨询师的对话

"这么说,你在帮助他们优化组织?"
"不——我在帮他们解构组织。"

Bedtime
Stories
for
Managers

组织就像一整头牛

这篇睡前故事看来要跨过月亮[一]了。才不是呢!

我翻出一则几年前一家大型软件公司的广告。如图 2-1 所示,它不是一头牛,而是一幅牛各个部位的分解图。在一头健康的牛的身体里面,这些部位根本不知道

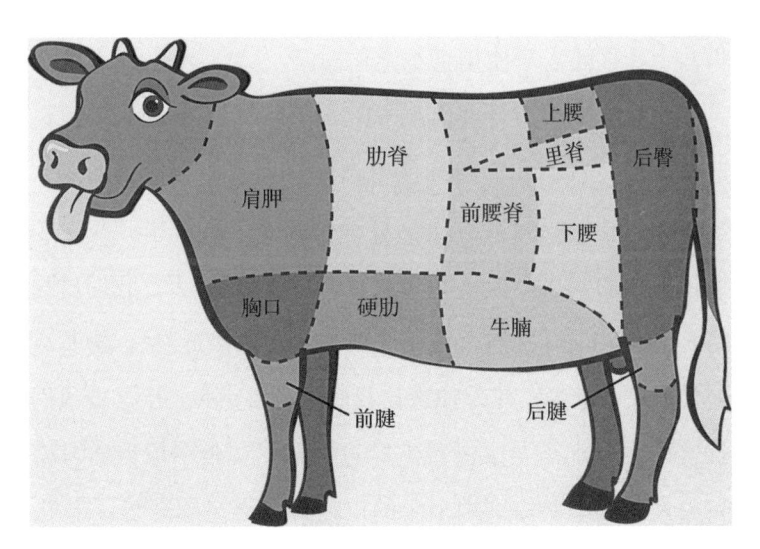

图 2-1 牛的部位分解图

注:此图由 Socket 软件提供。

[一] 英语童谣里有"母牛跨过月亮"(the cow jumped over the moon)的说法。——译者注

自己只是一个部分，彼此之间只是通力协作。所以，你想让你的组织像分解图一样运转，还是像一整头牛一样运转？

这是一个严肃的问题，应该好好想一想。像一整头牛那样运转，牛没有问题，我们每个个体也没有问题，至少在生理层面没问题。那么，为什么不同的个体在一起工作时会遇到那么多麻烦？我们对组织工作真的感到很困惑吗？为什么热衷于使用组织结构图？

我在国际实践管理硕士（IMPM）课程上会跟大家讨论这头牛。一次，我们在印度上课，管理者们穿过班加罗尔繁忙的街道时，体验到了另外一个关于牛的故事。我在麦吉尔大学的同事多拉·库普跟我讲道："第一天，我们过马路时，有人告诉我们，在印度要'像牛那样走路'，即所有人要聚在一起走，此外他警告我们一定要小心。于是，我们就这样在车水马龙中慢慢地穿过马路。在整个项目学习期间，大家都不断提到这个牛的比喻，也会想起要像一整头牛那样运转的比喻。"

脑补一个画面：一群人像一个人一样走在一起，在一片混乱中合作，稳步前进。现在想象一下你们的组织：人们在一片混乱中合作，稳步前进。

通过像牛一样走路,我们知道了如何像牛那样工作:一起走路,通力协作。除了领导力这头"圣牛"之外,还有社区力(这个词是我创造的),后者旨在把领导力放回它本该在的位置上。[14]

领导力之外的社区力

我的两个外孙（劳拉和托马斯）和他们的狗泰迪，以及河狸造型的雕刻泰德[15]
注：此图由苏珊·明茨伯格拍摄。

一说"组织"，我们就会想到领导力，这就是组织结构图如此盛行的原因。这些图告诉我们谁应该领导谁，却没告诉我们谁应该做什么，怎么做，或是跟谁一起做。

一说"领导力"，我们想到的是一个人，即使那个人决心"授权"给每个人。(需要这样做吗?)不过,我们更常想到的是一位伟大的白衣骑士,他骑着白色的骏马来拯救大家(即使有时候他直接把大家领进一个黑洞)。可是,如果有人是领导,那其他人就只能是跟随者。我们真的想要一个由跟随者组成的世界吗?

想想那些你最钦慕的知名组织。我敢说,在领导力之外,这些组织还存在一种强大的社区力。有效的组织是由人组成的社区,而不是人力资源的集合体。

怎样识别一个组织有没有社区力?很简单:你会感受到这个地方有活力;这里的每个人对他们所做的事情都尽心尽力,同心同德。他们很自然地投入工作,不需要得到正式授权。他们尊重组织,因为组织尊重他们。他们不担心被解雇,因为没有那位会设置末位淘汰线的"领导者"。

当然,我们需要领导力。特别是在新组织里赋能、建设社区力,以及在稳健的组织中维持社区力,是需要领导力的。我们需要避免的是崇尚和迷恋领导力,即让某个人"鹤立鸡群",似乎他是组织工作最重要的人物(也根据其重要性定薪)。让我们为恰如其分并融入社区力的领导力而欢呼吧!

网络不是社区

如果你想了解网络和社区的不同，那就请你Facebook（一个社交网络服务网站）上的朋友来帮你粉刷房子——网络提供连接，而社区提供关怀。

社交媒体把我们跟网线那端的人连接起来，这极大地扩展了我们的社交网络。但这可能是以牺牲我们的个人关系为代价的。我们很多人忙着发信息、更新状态，几乎没有时间见面和沉思。我们应该从哪里获得生活的意义？一个重要的答案就是：在我们工作和生活的社区里，通过面对面的接触来获得。

马歇尔·麦克卢汉写了一篇著名的文章，里面提到新信息技术让世界变成了"地球村"。但是，这是什么样的村子？在传统的村子里，你和邻居们会在当地市场上碰面，慢慢熟悉。这个市场是社区的中心和灵魂。邻居的谷仓被烧毁，你可能会凑份子帮他重建谷仓。

以前的市场

注：此图由 *Grande Bahia* 杂志（JGB）授权使用。

在当今的"地球村"，最重要的市场是毫无灵魂的股票市场。在这个村子里，在家里敲击键盘，你可能会把信息发到你从来没见过面的"朋友"那里。这种关系永远没有接触，也无法接触，就像那些充满幻想的网络恋情一样。[16]

托马斯·弗里德曼在《纽约时报》的个人专栏中，写道："最糟糕的是，社交媒体会让人们习惯性地躲进网络虚张声势，而不采取真正的行动。"[17]这就是为什么大规模运动可以提高人们对社会改造需要的意识，但通常是由当地社区中那些小型群体创办的社会性机构来启动社会改造。

现在的市场

注：此图由纽约证券交易所授权使用。

是自上而下地转变,还是行动在一线

公司来了一个新总裁,用 100 天的时间向股票市场展示了他在短期内的闪亮业绩。可谓快马加鞭地重塑了公司。

自上而下地转变

从哪里开始?这个简单:一旦需要转变,那就从"最上面"开始。法国国王路易十四说:"朕即国家!"今天的公司 CEO 说:"我就是公司!"

关于变革，哈佛商学院教授约翰·科特写过一篇流传甚广的文章。文中说，"最引人注目的是，在62%的案例中，都是英勇的管理者在独自行动。"[18] 下面是科特的模型，有8个步骤：[19]

1. 打造紧迫感。
2. 成立强大的领导联盟。
3. 创建一个愿景。
4. 就愿景进行沟通。
5. 授权其他人去实现愿景。
6. 计划并促成短期业绩。
7. 巩固进步，推动更多变革。
8. 把新方法制度化。

请再读一遍，每读一个步骤问自己一遍，这个步骤谁来干？除了总裁，还是总裁。所以，哈佛，请自求多福吧。这个模型期待所有其他人都颔首低眉地追随总裁的愿景——一个领导者，诸多追随者。这篇文章宣称"有影响力的人如果反对变革"，就必须离开。如果他们有充分的反对理由怎么办？就不能辩论、讨论了吗？难道21世纪的公司非要效仿路易十四的宫廷吗？

思考一下这些步骤。"打造紧迫感"，拿着枪严阵以待，因为华尔街之狼正在门口号叫吗？一个总是以最高管理层为核心的"领导联盟"将会"创建一个愿景"——在最高层稀薄的空气中凭空生成吗？难怪有这么多公司在战略上人云亦云、照猫画虎，还称之为自己的愿景。

该文章的陈词滥调一句接着一句，与基层的那些追随者"沟通"愿景，并"授权"他们"实现愿景"，好像公司请来做事的人需要总裁的准许才能工作一样。

还有，在维持"短期业绩"的情况下，"推动更多变革"，这意味着越来越多的变革。这里面的延续性在哪里？还记得没有延续性的变化会造成混乱吗？最后，不要忘记把这一切"制度化"，因为在第 3 个步骤，愿景就创建好了。

行动在一线

如果变革这么美好，那我们改一下，改变一下变革的流程怎么样？承认"最高层"是一个会让行为扭曲的比喻，让战略有机会在貌似杂乱无章的产品制造和客户服务中形成，如何？

这里有一个很有代表性的例子,讲的是宜家怎么开始卖平板包装的家具。消费者用私家车把家具拉回家,给自己和宜家公司都省下了一大笔开支。这个影响力巨大的指导愿景改变了宜家公司和整个家具行业,而其灵感来源于一位工人。"对平板包装的探索,始于宜家最早期的一位工人。为了把LÖVET桌子装进小汽车,他把桌子腿卸了下来,还可以避免在运输过程中被碰坏。"[20]

宜家网站上没具体阐明这个过程,但肯定有个人突然悟到"如果我们必须把桌子腿卸掉,可能我们的顾客也得这么干"。这个人可能是那位工人,或是一位经理,甚至可能是CEO本人——认真的企业家都会花费大量的时间深入一线。如果不是CEO本人,那就需要有人把这个好主意传递给他,他再把这个想法推而广之。这说明宜家是一个拥有开放式沟通的组织,而不是一个偏执于将高层与基层分开的组织。你要知道,在高层与基层之间丢失了太多好主意。换句话说,开放的文化有助于变革,而自上而下的转变是无法与之相比的。

所以,与其采用自上而下的转变模式,何不行动在一线呢?

下面是几个行动在一线的基本原则。请注意，它们不是步骤，是非线性的，没有顺序，只是一个集合，就像变革本身一样。

谁都可能冒出一个以后会变成愿景的想法。把桌子腿卸掉可能不是什么大事，但它是大事的开端。

开放式沟通有助于将一些想法传开。没有高层，也没有基层，大家在一个灵活的网络中彼此连接。为了推动公司进步，他们聆听所有人的想法，甚至是反对者的想法。

战略在学习中形成，而非规划而成。战略不需要完美的构思。竞争分析有一定帮助，但从根本上来说，是一群认真投入工作的人一同在学习的过程中形成了意想不到的战略。[21]

当然，也需要把不同的见解汇集在一起。这通常由了解整体情况的高层负责。

最后一点：在有些情况下，比如市场突然变动造成的震荡把公司置于危险境地，组织确实需要转变。但是，太多组织把转变当作解药，其实只是因为它们内部缺乏连接。比较起来，那些内部保持连接的组织需要的调整就少得多。所以，管理者们、专家们、教授们提到转变的时候最好谨慎一点，把更多的注意力放到社区力的建设上面。

组织的类别

正如哺乳动物有分类一样,组织也有分类,不要把它们搞混了。熊不是河狸。同样,医院不是工厂,就像电影公司不是核反应堆一样。[22]

所有的鸟都一样吗?

这似乎是很明显的道理,不过,我们非常擅长把不同类别的组织混淆在一起。在对组织的理解上,我们的词汇实在是比较匮乏。我们用组织（organization）这个词,就像生物学家用哺乳动物这个词一样，不同之处在于他们有分类，我们却没有。

设想一下，两位生物学家相约见面，讨论哺乳动物应该在哪里过冬。研究熊的生物学家说："在洞里过冬。"研究河狸的生物学家说："你在开玩笑吗？它们的天敌会进来吃掉它们。它们必须咬断树枝，修筑巢穴来保护自己。"第一位回答："你才开玩笑呢！"他们鸡同鸭讲，就像医院的管理者试图跟咨询师解释医院不是工厂一样。

所有的狗都不一样

几年前，在《组织的结构》(The Structuring of Organizations) 一书中，我开始着手解决这个问题。这是我迄今为止最成功的书，但还不够成功，因为我们讨论组织的方式还是比较初级的。所以，我在这本书里再尝试一次，介绍一下我认为的组织的四个基本类别。

程序化机器。很多组织就像运转顺畅的机器，它们以效率为生命，以期每个单位成本获得最大的收益。所以，它们对一切都进行测算并设置到极致。例如，麦当劳员工必须在多少秒之内煎好一个肉饼。这样做训练员工很容易，但让员工喜欢并投入工作却不容易。他们会觉得工作很无聊，那些控制也让人窒息。程序化机器在它擅长的一面做得非常好。例如，在酒店里，如果你想8点钟接到叫醒电话，那电话铃声肯定在8点钟准时响起来！

但是，不要期待这类组织会有创新。如果你在酒店里掀起枕头，马上有一个玩偶从盒子里弹出来说"惊喜！"，你会被逗乐吗？不过，你会期待你的广告公司达到这样的效果。

专业化组合。它们也是程序化的，但方式却完全不同。比起效率，它们更看重熟练程度。在医院、会计师事务所和很多工程公司，核心工作对技能的要求都很高，人员需要经过多年的训练。不过，你会惊讶地发现，其中大部分还都是常规工作。要理解这一点，你可以想象自己被推进一个手术室里，一位护士对你说："你放心好了，给你主刀的是一位特别有创意的外科医生！"

在这类组织中，专业人士看似在团队中工作，但在很大程度上他们独立工作——他们所受的训练让他们精确地知道接下来对方会做什么。我的一位博士研究生曾经观察了一台心脏手术，在5个小时中，医生和麻醉师之间一句话都没说。

个人化企业。这类组织中有一个人占主导地位，一切都由这个人说了算。就此可以想想苹果公司创始人史蒂夫·乔布斯或孟加拉乡村银行创始人穆罕默德·尤努斯（尤努斯开创并发展了名为"微额贷款"的服务）。有时候老一点的组织在危机中也会采取这种形式，把权力集中给一个人，以应对危机。大多数小型组织，比如你家附近的食品店，为了方便，一般也是把权力集中在一个人，通常是店主的身上。

一位个人化企业的负责人说"跳！"，得到的回答经常是："跳多高，尊敬的先生？"而一家医院的院长说"跳！"，医生会问："为什么要跳？"

项目开拓者。这类组织又有所不同。这里的工作对技能要求也很高，但是为了创新，专家们必须在团队中通力协作。想一想电影公司、广告公司和科研实验室。它们围绕着项目进行组织并创造新产品：一部电影、一项广告活动、一款新产品。要理解这类组织，你必须意识到，它是通过低效来实现有效性的。如果不能放松节奏，创新就会窒息而亡。

每种组织都需要自己的结构和管理方式。此外，它们不只有不同的文化——它们本身就是不同的文化。走进不同的组织，你肯定能感受到它们的差异。

但是，绝大多数关于组织的畅销书或流行文章写的都是程序化机器这类组织，只是我们从未认识到这一点。这些书或文章滔滔不绝地谈论需要更加严格的控制，需要更多的核心层设计，需要衡量眼前的一切，需要提高"效率"。它们也曾言辞凿凿地说，可以通过"为人类机器引进维修人员"的方法来弥补这类组织最弱的环节。[23]

我在讨论组织的类别时，好像所有的组织都是单一类别。它们之中有一些确实极其符合某个类别的特征，比如程序化的麦当劳。但是像机器一样运作的大规模生产企业可能有一个研发新产品的项目部门，就像一家专业医院可能有一个程序化运作的咖啡厅,更不用说手术室里出现意外时能拿出创意性方案的外科医生组。此外,还有一些混合型组织。例如,一家制药公司在研究方面属于项目开拓者,在开发方面属于专业化组合,在生产方面属于程序化机器。

  这是对组织类别的否定吗?恰恰相反,这说明我们可以用这套语言来更理性地讨论组织中存在和运行的不同事物。

为什么我们只说"高层管理者",而从不提"基层管理者"

有的人在自己的组织里张嘴就说"高层管理者",也说"中层管理者",那为什么不说"基层管理者"?说这话的管理者很清楚,如果在组织顶层有一个管理者,还有些人居于中间,那他们自己肯定在最下面。这实际上告诉我们,"高层"只是一个比喻,而且是一个愚蠢的比喻。比什么"高"?

1. 当然,在组织结构图中是最高的(如图 2-2 所示)。但是,把组织结构图从墙上拿下来,放在桌上看看,它一点也没比别的东西高。

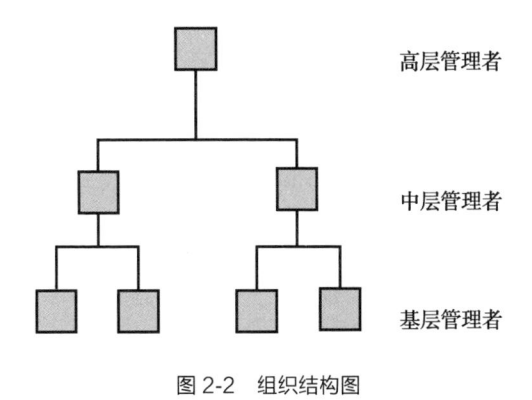

图 2-2 组织结构图

2. 在工资级别上最高。但是，一个人心安理得地拿着比普通员工高数百倍的工资，我们怎么还能称他为"领导者"呢？

3. 办公室通常在大楼的顶层。但是，高层管理者从高处看，什么东西都只能看个大概，看不到什么特别之处。要知道，丹佛市建筑物最底层的基层管理者的座位，要比纽约市建筑最高层中的高层管理者的座位高上几千英尺（1 英尺约等于 0.305 米）。⊖

4. 那么，从更高处俯瞰组织中发生的事情，会了解得更全面吗？当然不会。把自己放在组织的最高处绝对不会帮助你全面了解情况。说"最高"，我们头脑中便会浮现出有个人在高处盘旋的画面，似乎他浮在云层之上，远离了地面上的其他人。

所以，我们应去掉"高级管理层"这种说法，用**核心管理层**（central management）来代替。这样做可以吗？

如图 2-3 所示，在整个组织中，我们把面向外部世界

⊖ 丹佛市的海拔高度比纽约市高。——译者注

的管理者放在圆圈的最外层。他们是与顾客、产品和服务接触最密切的人，我们称之为**运营管理层**。在他们和核心管理层之间的是**联结管理层**。他们起着上传下达的作用，会把运营管理层最好的想法传达给组织的核心管理层。比起希腊神话中的西西弗斯不断地把石头推上山，联结管理层的做法要有效得多。

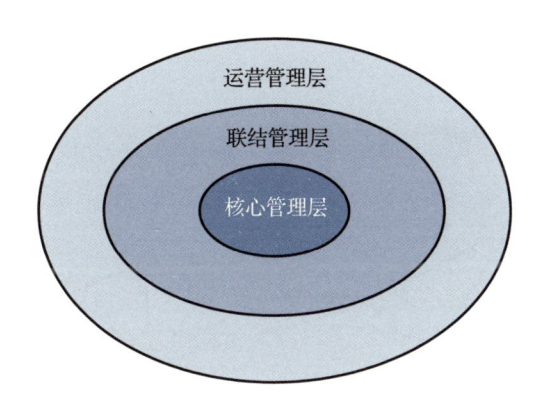

图 2-3　管理环

这样的组织方式，没有把中层管理者看成组织的负担，一有机会就要"裁减"掉他们，而是把这些联结管理层看成能够给组织带来建设性变化的关键因素。实际上，联结管理层中的佼佼者既能看清大局，又非常了解基层情况，可以在推动组织整体发展的过程中起到关键作用。

但是，这个观点也有一个问题。把一个人放在组织的中心可能会使组织"集权化"：什么事都要围绕这个人转。这对个人化企业来说可能没什么问题，但对那些项目开拓者就很难说了。我们为什么不把组织画成网状呢（如图 2-4 所示）？这样，人们就可以在网络中以自己的方式互动。

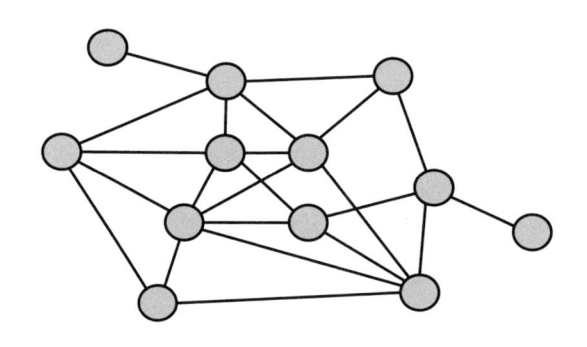

图 2-4　组织的网状结构图

那么，管理者应该在网络中的什么位置？这个简单：哪里都行。也就是说，他们要走出办公室，离开高层的办公室，到组织有活力的地方去。这样做的话，这个网络就可以像一个社区那样运行了。

总之，如果你真的需要精简组织，那就先从"高级管理层"这个浮夸的词入手，不要再用这个词。这样，你就不用像以前那样从上往下看，而是环顾四周，看看谁能把工作做好。

受够了"竖井"？换成"平板"怎么样

我们都知道那些圆柱状的"竖井"，一个"竖井"就相当于一个独立的部门，组织中同一层级部门的人相互分离（如图 2-5 所示）：制造人员与销售人员分离，医生与护士分离。实际上，关于"竖井"，我们可能都听烦了。

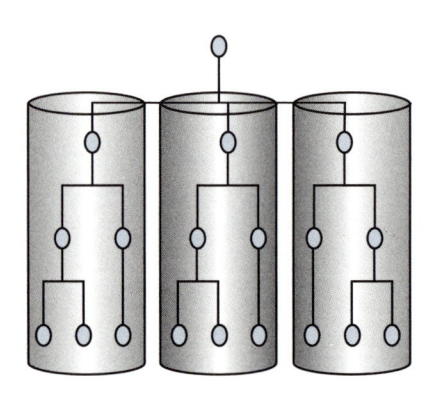

图 2-5 组织中的"竖井"

那么，平板是阻止信息自由流动的水平屏障，把"竖井"换成"平板"怎么样（如图 2-6 所示）？[24] 即使没听过"平板"这个词，但我们都知道存在这种障碍。在一家捷克公司里，员工们谈论起高层办公室的七位高管时，就好像他们坐在内部密室里一样，完全跟其他人隔离开来。

还有，职场女性对妨碍她们晋升的"玻璃天花板"[一]也是早有怨言。

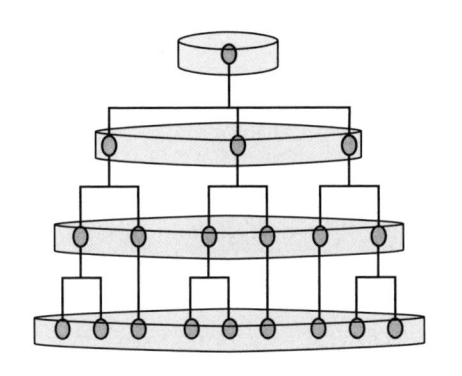

图 2-6 组织中的"平板"

有一次我给一家银行的高管们开了一个工作坊，讨论这些"竖井"和"平板"的问题。他们的结论是"竖井"有问题，但"平板"没有。"你们最好问问你们下面一两个平板上的人的意见。"我跟他们建议道。

出于专业化的原因，我们可能需要"竖井"，但并不需要无法穿透的墙。换一个比喻来说，我们在组织中需要的不是没有接缝，而是做工良好的接缝，即在"竖井"之间

[一] 由于文化价值取向和用人观念，形成无形屏障阻碍职业生涯发展的效应。——编者注

应根据需要建立连接。对于"平板"也是如此,在不同级别之间要建立良好的连接。难道 CEO、COO(首席运营官)、CFO(首席财务官)和 CLO(首席法务官)必须一起高高地坐在上面吗?

管理培训课程的一条核心原则是绝不让不同级别的管理者混在一个班里。让 CEO 和 CEO 在一起,中层管理者和中层管理者在一起,依此类推。为什么呢?为了地位相同吗?很多高管跟同一级别的人待在一起的时间已经太多,他们真正需要的是听取一下其他级别管理者的想法。高管们,多跟大家交流一下,怎么样?跟其他组织的人聊聊,他们告诉你的事情,是你从自己公司那里绝对听不到的。

或者从那些高层密室里搬下来,让你的办公桌挨着一个有不同视角的人?日本个人护理和日用品生产商花王公司的开会方式很出名。人们在开放的空间里开会,谁从那里经过都可以加入会议。所以,该公司的管理委员会会议里会出现一个领班,工厂会议里会出现一个高管。据说,巴西 Semco 公司在董事会会议中会给工人预留两个席位。当你意识到"平板"只是我们由于缺乏想象力而臆造出来的东西时,打破它就非常容易了。

可管理的和不可管理的工作

设想一下,你在印度的一家国际食品公司负责奶酪产品,或是在加拿大蒙特利尔管理一家受魁北克省医保系统管理的综合医院。这句话很好理解,是不是?

现在,想象一下,你在印度卖了很多奶酪,所以公司让你负责全亚洲的奶酪产品;或者在蒙特利尔,除了管理那家综合医院,你还要负责一家社区诊所,并要在两个机构之间来回穿梭,或者待在某个地方的办公室里忙着发送邮件。

在魁北克的一个地区,当地政府规模扩大了九倍之多,它设置了一个管理职位,同时负责九个不同的机构:一家医院、一家社区诊所、一个康复中心、一个临终关怀机构,还有5个社会服务机构。这九个机构原先的九名管理人员已经离去,现在只有一名管理人员负责全盘工作。想想这能省下多少钱,也想想接下来会有多混乱。

不可管理的管理工作

一些管理工作合乎常理,另一些却未必如此。在印度卖奶酪还行，但是在全亚洲卖奶酪，行吗？管理一家医疗保健机构没问题，但是同时管理两个（实际上还地处两地）呢？更不用说九个了。

我们为什么会容许不可管理的管理工作存在？多年前，企业集团盛行一时。那时，如果懂管理，你就可以同时管理各种类型的公司。例如，同时管理一个电影制作工作室、一个核反应堆和一些美甲沙龙连锁店。谢天谢地，那个时代过去了，不过取而代之的是在公司内部把各种管理职责混杂在一起。现在流行的是，让管理者在同一家公司内管理不同的业务。

之所以出现这种情况，是因为画一张组织结构图比实际管理组织容易得多。当然，这样也会省下很多钱。要画一张组织结构图，只需要大领导坐在总部办公室里：①把各个业务部门汇集到一张图表上；②绕着每种业务画一个方框；③为每个方框分配一个标签（亚洲奶酪业务或魁北克省医疗和社会服务中心）；④把方框用线连起来，这样才能看出谁是真正的老板；⑤完成以后，把这张整洁干净的图表用电子邮件发给所有相关的倒霉人员。还有什么能比这更简单，或者更复杂？

那个叫亚洲的方框

印度人吃很多奶酪,但日本人几乎不吃。再说,"亚洲"到底指什么?印度和日本在同一个大洲上,这太让人不可思议了。我从来没见过哪两个国家的差别像它们那么大。

我们看一下世界地图。至少在地理上,大多数大陆的特征是一致的,四周都被海洋环绕——非洲、南美洲、北美洲是这样,尤其是南极洲,大洋洲也算。但是亚洲呢?它的西边没有海洋,和欧洲相邻的部分也没有。亚洲人真可以感谢划分大洲的欧洲人。从地图上看,欧洲和亚洲相邻,但欧洲人巴不得各自为洲,更受不了跟亚洲合并成欧亚大陆。所以,他们在欧洲和亚洲之间,在目光所及没有海洋踪迹的地方画了一条线。当然也不是凭空画线,他们是沿着山脊画的。(根据这个逻辑,智利也应该算一个大洲。)这些绘制地图的人硬生生地在俄罗斯境内杜撰出欧洲和亚洲的分界线。

这样的人以前绘制世界地图,现在在绘制公司组织结构图。

最危险的管理者

我们言归正传。你负责亚洲的奶酪业务,难点是亚洲有些地方的人吃很多奶酪,有些地方的人不吃奶酪。你怎么管理这个局面?特别是,你已经把印度的销售额做到了亚洲销售总额中最大的一部分。你的继任者现在接替了你原先在印度的工作,在那里把奶酪业务做得风生水起。这都要谢谢你打下的基础。

你要是聪明,根本就不会蹚这摊浑水。但是那样你也升不了职,比如升任负责公司全亚洲食品的大老板,所辖产品包括韩国泡菜、哈里萨辣酱、肉汁奶酪薯条和奶酪。要升职,你必须负责亚洲的奶酪业务。

问题就来了,有一点你要了解,再没有比一个无事可干的管理者更危险的了。管理者精力都很充沛,这也是他们当上管理者的原因之一。把一个人放在一个不可管理的职位上,他就会找事情做。比如组织休闲活动,把印度、日本、蒙古国、巴布亚新几内亚的奶酪负责人聚在一起,研究"协同作业",帮助彼此把消费者不需要的产品卖给他们。

或者,坐在位于新加坡的亚洲区总部办公室里太无聊了,于是精力充沛的管理者跳上一架飞机,不是去做微观管理，那个已经过时了，他就是去别处看看。"我是你的老板，负责亚洲奶酪业务。"你盘旋在负责日本地区奶酪经理的头上说，"我觉得我应该过来一趟，聊聊天。既然我已经来了，就顺便问你几个问题：为什么在日本奶酪卖不动？企业的任务不就是创造客户吗？这里的人吃韩国泡菜，是不是就像英国伦敦皮卡迪利广场的人吃印度酸辣酱一样？那为什么不能让银座的人吃奶酪呢？"

跳出方框

一家医院地处某个地区，这合乎常理；在印度销售奶酪也合情合理。但在此之外，因为某个地方的某个人在组织结构图上画了一个方框，就期待那个地方的某个人能管理好方框里的业务，完全不合常理。我们一定要跳出方框来组织自己。

蜜蜂般的董事会

因为贴有"治理"的标签,所以董事会近来受到大量的关注,或许超出了它们该得的关注量,因为董事会所做的事情往往名大于实。它们确实能提供建设性的服务,并担当治理的角色,但作用是有限的。

这些建设性的服务包括向管理层提供建议,单纯地承担咨询委员会的角色,并帮助筹集资金。有影响力的董事会成员可以提高组织的声誉,在组织和重要的权力中心之间牵线搭桥。

董事会嗡嗡飞舞

董事会的实际治理角色是在三个方面监督高层管理的活动。

第一个方面是任命负责人（我使用"负责人"这个词而不是CEO，以便将非商业组织的负责人也纳入其中）。第二个方面是评估这位负责人的绩效。第三个方面是在必要时把负责人换掉。有时，如果负责人不能正常工作，某位董事会成员必须暂时接手其工作。

除此之外，董事会不控制组织：它任命一个负责人来管理组织，然后适当地退出。负责人有斧头，能猛敲猛打；董事会有小槌，可以发出响声。当然，如果董事会对负责人缺乏信心，就必须替换他，而不是当事后诸葛亮。棘手的是，董事会不能经常替换负责人。

你可以把董事会想象成一只蜜蜂，盘旋在正在摘花的负责人周围。负责人必须小心。蜜蜂蜇人只能蜇一次，所以蜜蜂也最好小心一点。当然，董事会不像蜜蜂只能蜇一次人，它可以连续替换负责人，但这将引发对其能力的担忧。这位它想要替换掉的负责人，当初可能正是由大多数现任董事会成员任命的。

董事会茕茕孑立

董事会会议可以定期举行，但通常频率不会高。因此，董事会成员与组织中发生的事情基本是脱节的。董事会了解组织的主要渠道就是这位负责人，那它怎么知道什么时候该替换这位负责人？

使选择、评估和替换负责人变得更加复杂的是，董事会成员通常比组织中的大多数人拥有更高的社会地位，这对他们评估内部候选人毫无助益。董事社会地位高，还有可能导致他们对外部候选人产生偏见。此外，董事会中地位高的人倾向于根据自己的形象来选择候选人，而这样的候选人很难与他们打算管理的人建立联结。

我们在前面一个关于选择的故事里讨论过了，那些与"上级"过从甚密而与"下级"关系不好的人就是"媚上欺下"者。他们和重要人物走得亲近、打得火热，跟普通员工关系却很糟糕。

对嗡嗡飞舞保持警觉

当然，不同的董事会所治理的组织的性质不同，其做法也不相同。上面的讨论可能特别适用于广泛持有的公司。在少数人持股的公司中，尤其是由所有者控股的公司，每个人都知道权力在谁手里，董事会并没有这种殊荣。

企业的董事通常是企业界人士，如果他们担任非商业组织，如非政府组织、医院、大学等的董事会成员，会怎么样？这些认为企业界人士更懂运营的人可能本身就是一个威胁，对非商业组织更是构成双重威胁：他们可能会更倾向于干涉事务，并任命像他们这样的人来管理这些组织。企业界人士对教育和医疗的了解，比教育者和医生对企业的了解更多一些吗？

非商业组织与企业不同：它们有更复杂的利益相关者关系，它们的业绩不那么容易衡量，它们的职员可能更像组织的成员而不是雇员。正如后面的故事所讨论的，企业的方式并不是管理一切组织的"唯一最佳方式"。

那我到底想说什么呢？董事会是必要的，但也存在问题。董事会成员必须敏锐地意识到自己对哪些事情尚需了解，如何确保信息畅通，但又不会被过多的信息所困扰。所有的董事会都需要做到成员多样化，以克服自身的局限性。它们也必须对自己的嗡嗡飞舞保持警觉，甚至比对自己蜇人的特性还要注意。

第三章 分析的故事

彼得·L. 伯格　美国社会学家

科学与爱情一样,过分专注技术会导致无能。

Bedtime
Stories
for
Managers

分析师：分析您自己吧

分析之网

"不衡量，无以谈管理，这是众所周知的原则。"这句话是罗伯特·卡普兰和迈克尔·波特在《哈佛商业评论》上发表的一篇文章的开头。[25]这话是挺出名，但愚蠢到了家。

谁曾成功地衡量过文化、领导力，甚至一个全新产品的市场潜力？没被衡量过，这些东西因此就无法管理了吗？卡普兰和波特是否衡量过他们的"处方"是否有效？

事实上，除了假设衡量很完美之外，有谁尝试过衡量一下"衡量"本身的绩效？又应如何去衡量"衡量"的绩效？（我们很快就会讲到这点。）

到此，我想，我们只能得出这样一个结论：我们既不能管理"衡量"，也不能管理"管理"。

你猜怎么着？衡量和管理都是可以管理的。要做到这点，我们首先需要意识到世界上很多重要的事情是无法衡量的。当然，能衡量的，我们要去衡量，只要不痴迷于衡量就行。不过麻烦的是，我们经常在这上面栽跟头。

卡普兰和波特在他们那篇文章里提供了7个步骤，来"估算治疗患者的总成本"：

1. 选择患者的状况（具体说明可能的"并发症和合并症"）。
2. 定义治疗价值链……标示出主要活动。
3. 为每项活动绘制流程图。
4. 估算每项流程所需的时间。
5. 估算提供给患者的治疗资源成本。
6. 估算每种资源的容量，并计算容量成本率。
7. 计算患者治疗的总成本。

但你找不到：

8. 操作这7个步骤的成本。

但是，你可以根据作者列举的膝关节置换的例子来了解个大概。在这个例子中，作者列出了77项活动。77项活动各自对应肘部、臀部、大脑、肠道、心脏，再考虑到所有这些治疗措施的改进频率，你不得不怀疑：在医疗保健领域，分析师的数量会不会很快就超过临床医生了。

此外，这些活动的直接成本并不是唯一的成本。临床医生受到的干扰怎么算？比如，强制他们记录这么多数据的成本。此外，还要算上随之而来的人事斗争的成本：谁来测量，测量什么，测量的时间、地点和对象。在分析人士眼里，测量结果是客观的，但与此形成鲜明对比的是，人事斗争会波及其他，左右测量结果。

设想一下，像分析别人那样，分析师把自己置于严苛的分析流程中会怎么样。也就是说，设想一下分析师分析他们自己。那可能类似下述案例的事情会多一些。

数年前，英国零售商玛莎百货判定，它在控制库存变化方面的开支过大。以前的流程是店员填写补充货架的单子，交给柜台后的负责人，后者去仓库取货。现在公司取消了这一流程，直接让店员去货仓提取需要的商品。凭借这一举措，玛莎节约了2600万张卡片和纸，减少了数千名员工，但运转依然良好。

英国数学家、哲学家阿尔弗雷德·诺斯·怀特海曾写道："对显而易见的事物进行分析，需要非同寻常的思维。"[26]分析师们请记住这句话。

天哪：一个高效的交响乐团

一位年轻热情的 MBA 学生终于得到了一个学以致用的机会。他的任务是调查一个他不熟悉的组织，提交一份如何提高其效率的建议书。他选择了交响乐团作为调查对象。在熟读了相关文章后，他平生第一次走进了音乐厅，并提交了以下分析报告。

1. 在相当长的一段时间里，四名双簧管演奏者无事可做。因此，应该减少双簧管的数量，并在一场完整的音乐会中更均匀地分配工作量，从而消除活动的高峰和低谷。

2. 20 把小提琴都在演奏相同的音符。这似乎是不必要的重复，因此应该大幅度裁减小提琴演奏者。

3. 设备淘汰是另一个值得进一步调查的问题。该报告指出，第一小提琴的首席使用的乐器已有几百年的历史。如果采用正常的折旧时间表，这件乐器早已减值为零。早就应该购买更加现代化的设备了。

4. 许多精力都花在演奏三十二分音符上，这种精益求精似乎没有必要。建议将所有音符四舍五入到最近的十六分音符。如果采取此建议，就可以更广泛地使用储备人员和较低级别的操作人员。

5. 最后，有些音乐段落似乎重复得太多，应该大幅度削减总谱。弦乐器已经演奏过的段落，再用圆号演奏一遍，毫无用处。如果去掉所有多余的段落，两小时的音乐会时间估计可以减少到 20 分钟，从而也就不再需要设置中场休息了。[27]

如果这个学生选择工厂作为研究对象，没有人会笑，尤其是那个工厂里的人。换句话说，这不是在开玩笑。[㊀]

㊀ 20 世纪 50 年代中期左右，在一位美国教授的公报、加拿大的一份军事杂志和《哈珀》杂志（Harper's）上出现过这个故事。其依据是流传在伦敦的一份未具名报告，最早可能发表在英国财政部的内刊上。

"效率"还会有问题？很多

效率就像母亲。套用一句军队里的老话，效率让我们每花一分钱都物有所值。诺贝尔经济学奖得主赫伯特·西蒙称效率是一个毫无价值、完全中性的概念。[28]你决定了想要什么，效率会以尽可能低的成本帮你达到目的。谁还会反对这个说法呢？我反对。[29]

下面我列出了一些有效率的东西。问问自己，它们的含义是什么？看看你脑海中闪现的第一个词是什么。

一家餐馆很有效率。

你是不是想到了服务速度？大多数人是这样。很少有人想到饭菜的品质。为什么？

我的房子很有效率。

这意味着它在节能方面总是遥遥领先？告诉我：跟设计、区或附近的学校相比，谁买房子是因为看上了它的能源消耗情况？

这是怎么回事？一旦我们意识到上述问题，事情就会变得清晰明了。听到"效率"这个词时，我们下意识地把注意力集中在最容易衡量的标准上，比如服务速度或能源消耗。效率是指"可衡量的"效率。效率首先选择最容易测量的东西，所以它根本不是中性的。这就是问题所在，它分三个方面：

- **由于成本通常比利益更容易衡量，效率往往只顾经济指标**。以罔顾不容易衡量的利益为代价，削减可衡量的成本。想想那些根本不管医疗和教育质量在退化，只顾着削减医疗和教育成本的政府吧。（我敢说，没有人能拿出一个衡量标准，充分衡量一个孩子在课堂上真正学到了什么。）那些削减研究或维护预算的CEO呢？他们这样做是为了马上获得更多的奖金，而由此导致的问题往往后来才浮现。还有那个研究交响乐团的学生，他找到了各种方法去使交响乐团更有效率。
- **由于经济成本通常比社会成本更容易衡量，效率可能会导致社会成本上升**。经济学家认为社会成本都是"外部因素"。只要你不在意空气受到污染或学习变得呆板无趣，提高一家工厂或学校的效率很容易。
- **经济利益通常比社会利益更容易衡量，因此效率让我们趋向经济道德（economic morality），从而导致社会道德滑落（social immorality）**。与吃健康美味的食物相比，我们吃快餐（包括那些西式炒蛋）的时候很有效率。

因此，要警惕效率和效率专家，以及高效的教育、医疗和音乐，有时甚至要当心高效的工厂。对于平衡计分卡⊖也要小心，因为虽然其出发点很好，在经济因素之外也考虑了社会和环境因素，但它明显偏向那些最容易衡量的因素。

⊖ 罗伯特·卡普兰是平衡计分卡的创始人。——编者注

"硬数据"的软肋

究竟什么是"硬数据"？岩石是硬的，但是数据是硬的怎么讲？纸上的墨水，或者硬盘上的电子，很难说它们是硬的。事实上，后者通常被称为"软拷贝"。

如果你一定要用什么来比喻数据，那就用天上的云：从远处看很清楚，但近距离看就模糊不清。没什么需要感觉的。把真实的东西变成数字，我们就得到了"硬"的幻觉：那边那个人西蒙，按照某位心理学家的量表，得分4.7；那家公司不仅经营得很好，而且售出了490亿件小商品。这解释得够清楚了吧?

与之相反,"软数据"有可能模糊不清、模棱两可、过于主观,至少从远处看是这样。它们通常需要判断力来进行诠释,而这种诠释还不能通过电子途径来传输。事实上,一些软数据不过是八卦、传闻和印象而已。例如,到处有传言说那些小商品很多不好用。

所以,每次都是硬数据获胜,至少在硬数据冲击我们的软世界(包括我们大脑中软乎乎的物质)之前是这样。因此,我们最好认真思考一下这些硬数据的软肋。

硬数据可能过于笼统。只有硬数据,会导致毫无创意。"不管我跟他说什么,"金赛男性性行为调查中的一名研究对象抱怨道,"他都只是直视着我的眼睛问,'多少次?'"[30] 除了这个就没有别的了?

硬数据可以为描述提供依据,但是如何解释原因?小商品的销量有所上升,是什么原因促成的?①市场在扩大?好吧,有这方面的数据;②一位主要竞争对手出了昏招?没有相关数据,只是八卦;③我们的管理很出色?尽管有些主观,但我们的管理层喜欢这个理由;④通过降低产品质量拉低了价格?去找找这方面的数据。所有这些都表明,我们通常需要软数据来解释硬数据,例如,关于竞争对手有何企图的传闻，或者我们自己工厂里关于产品质量的流言蜚语。

硬数据太关注总和。它不关注一个个的产品，而是把全部产品加总成一个数字：总销售额。整个公司层面也是相加为一个总数，最后用一个数字来表示。想想在这个数字中失去的那些生命力吧。例如，削减公司维护方面的费用，从而造成了致命的伤害。我们可以先见木，再见林。当然，如果你是做木材生意的，那另当别论。企业的管理者必须先见木。在大多情况下，管理如同发生在直升机上——从那里看，下面的树木像一片绿色的地毯。

很多硬数据有延迟性。信息"变硬"需要时间。电子信息在互联网上飞奔，但不要被它们的速度欺骗。首先我们必须将发生的事情记录为"事实"，这需要时间；然后把事实整合成报告，这需要更多的时间。到那时，那些受够了小商品质量的客户可能早就跑到竞争对手那里去了。关注数据的经理们可能会忽略那些本可以提醒他们这一点的传言。

最后，数量惊人的硬数据并不可靠。它们看起来赏心悦目，显示在漂亮的屏幕上，但是它们来自哪里？掀起硬数据的石头，看看下面有什么东西在爬吧。"政府非常热衷于收集统计数据：它们收集数据，然后相加，再取 n 次方、立方根，最后得出令人赞叹的图表。但你千万不要忘记，每一个数字最初都来自'社区守卫'㊀，他只是随自己高兴随便写了个数字而已。"[31]

不光政府这样。你有没有遇到过无法判断真假的数字，如工厂的残次品数目统计或一所大学的论文引用率，更不用说企业报表上的净利润？此外，即使最初记录的事实翔实可靠，在量化的过程中也通常会丢失一些东西：数字四舍五入、计算错误、细微差别被忽略。[32]

我说这些并不是呼吁去掉硬数据，这跟去掉软数据一样没有意义。我所呼吁的是，不要被这些数据迷惑。我们都知道使用"硬事实"来检验"软直觉"，那么，用"软直觉"来检验"硬事实"怎么样？你看到成本下降或者利润上升时，仔细看看这些数据，问问自己，它们是否可信。如果觉得不可信，就去这些数据被随心所欲写下的地方调查一番。

我认识的一个人曾经问过一位英国的高级公务员，他的部门为什么搞那么多数据测量。他的回答是："不了解情

㊀ 英文原文为 village watchman，通常指在村庄或社区中负责监视和保护村庄或社区安全的人。——编者注

况的时候，我们还能干什么呢？"为什么不脚踏实地去了解一下情况？了解情况的过程中，遇到可疑的数字，想想是怎么回事，你会发现原因的。

把测量作为管理的补充是个很好的想法：测量那些可以测量的，认真对待那些无法测量的，并用心去管理这两方面的内容。换句话说，不管可否测量，管理都不可少。

棘手的任务：评估管理

你是位管理者，因此，你想知道你做得好不好。周围的人也想知道你做得好不好，尤其当你是高管时。

有很多简便的方法可以用来评估你的管理。不过，要当心这些方法。评估一位管理者的管理水平，必须连带着环境一起评估。这可能听起来无比简单，不过分析一下，并非如此。下面有6点建议。

（1）**管理的有效性并非来自管理者，而是来自良好的匹配度**。好丈夫和好妻子合在一起才能成为一对好夫妻，好的管理者和他的部门之间的关系也是如此。成功取决于管理者和他所管部门之间的匹配度：环境、时机和时段。因此，在一种情境下可以容忍的缺陷在另一种情境下可能是致命的。同样，积极的品质，换个环境，未必积极。一家公司削减成本的技巧可能致使另一家公司破产。因此，

（2）**没有人在任何领域都能成为有效的管理者**，这也就意味着没有一个管理者可以管理任何事情。有些管理者在所有的管理工作中都表现不佳，这是有可能的，但没有人能在所有的管理工作中都取得成功。

当然，管理者和他的部门休戚相关、成败相连。因

此，(3) **要评估管理者的有效性，我们必须同时评估其所管理的部门的有效性**。不仅如此，(4) **我们也要评估管理者为实现部门有效性做出的贡献**。有些部门在管理者不力的情况下依然运转良好，而有些部门如果没有强有力的管理者，就会运转得很糟糕。所以，要避免把管理者和部门的成败画等号。这里面有历史的关系、文化的关系、市场的关系，甚至天气的关系（如果管理一家农场的话）。有多少管理者的成功是靠钻营得到了一份好工作，只要确保自己不犯错，就可以把成功归于自己，把别人的功劳纳入自己囊中。

更复杂的是，(5) **管理的有效性必须在本部门甚至组织之外进行评估**。一个以牺牲组织里其他部门为代价来提高本部门有效性的经理有什么用？例如，销售部卖出很多产品，生产部跟不上销售速度，导致公司陷入混乱。因为销售部经理做了本职工作而责怪他？难道不是总经理应该负责整个公司的运营吗？当然是这样，但是社区力意味着销售部经理有责任看到销售之外的事情。希望更多的组织把管理者和其部门的有效性放在一起评估，并考虑到他们对整个组织的贡献。

不仅如此，对部门甚至整个组织有利的事情，未必对周围的世界有利。"贿赂"顾客可能会提高销量，但这种有效性可行吗？意大利的法西斯独裁者墨索里尼因让火车准点发出而闻名，在这个方面，他是一个有效的管理者，或至少是一个有效率的管理者。但在其他方面，他是一个恶魔。

把上述五点放在一起，你不得不问：哪个管理者能同时做到这五点啊？答案也很简单，至少原则上很简单：(6) **评估管理的有效性需要的是判断，而不只是评估**。还记得判断力（judgment）吗？这个词还没有从字典里消失。因此，跟大多数地方一样，评估管理也没有魔法。

管理、医学等领域的证据和体验

我用一些事情的证据[一]和体验来开始并结束这个故事。开篇有关自行车,结尾涉及气候变暖,中间讨论医学和管理。

在变速自行车车把的右边,我们可以看到一个小数字,它表示自行车后轮的挡位。这是根据。体验是指调到那个挡位上我们骑车的感受。我们可能体验到踏板在平地上转得太快了。根据是外界告诉我们的,而体验是我们的感受。

我来让这个例子更加生动一点。我们骑车上山,然后骑车下山回到起点。上山的距离是下山的四倍。听到我这么说,人们脸上的表情总是很奇怪:上山和下山的距离明明完全一样,怎么可能上山的距离是下山的四倍呢?因为我们体验不了"距离"。距离是个抽象的概念,它只是个根据。我们能体验到的是"时间"。

有一次,在我们的国际医疗领导力硕士 IMHL 项目中,我们要求参与者(主要是内科医生)将他们的工作定位在示意图上,示意图一端是根据,另一端是体验。尽管

[一] 英文 evidence 意为根据、证据,本节根据上下文语境,灵活翻译成根据或证据。——编者注

有关于"循证医学"(evid-ence-based medicine)的种种炒作,但他们还是把自己的工作标示到两端之间的某个位置上。在随后的讨论中,大家达成了共识:医学和管理一样,需要在证据和体验之间取得某种平衡。一位医生建议将"循证医学"改为"证据引导的医学"(evidence-guided medicine)。[33]

医学培训实际上平衡了课堂上的循证教学和医院里的体验式学习。然而,传统的管理教育(即 MBA 课程)却偏离了体验,严重倾向于分析,即利用证据。当学生们上金融课或学习战略技术时,教学的重点是研究证据,辅之以理论,而不是鲜活的体验。这种倾向也体现在许多该专业毕业生后来从事的工作中,包括咨询、金融、营销和规划。他们不关注销售和生产的实质内容,依然偏重分析和美化数据,而不是获得一手经验。

还有,不要认为案例研究会有什么不同。教授宣称这是把体验带进教室,但实际上这种"体验"离学生还是很遥远:一家公司发生的事情,由公司 CEO 讲述(前面说过,大多数哈佛案例都是关于 CEO 的),由研究助理记录,由某位教授撰写,由其他教授在课堂上讲授。这位授课教授跟学生一样,可能对这家公司一无所知。

因此，商学院的研究生更愿意分析证据，而不是从体验中学习。他们之中有些人最终进入管理层后，往往会像当初老师教他们的那样去管理：偏爱证据而不是体验，依据数字和技术进行管理（我将在后面的故事中提供这么说的根据）。

这就把我们带到了全球变暖的问题上。目前，有关全球变暖的证据是压倒性的。那么，我们为什么不采取更多措施？撇开既得利益不谈，一个重要的原因可能就在于我们自己的行为：我们听到了很多关于气候变化的消息，但大多数人没有体验过它的后果。换句话说，我们知道证据，但缺乏体验。"冰盖正在融化，这太可怕了……应该有人为此做点什么。"我们一边这样说，一边在冬天把家里的暖气温度调高，这样就不用穿毛衣了。问问那些房子被淹的人，他们的感受截然不同。因此，在全球变暖这个问题上，在被体验摧毁之前，我们最好先依靠证据开始行动。

《纳塔尔每日新闻》曾在1982年6月16日报道："由于天气情况极难预测，出发前应获取长时段的天气预报。"

国民幸福如何变成总值

夹在中国和印度之间的不丹王国，因其国王提出了国民幸福总值（Gross National Happiness，GNH）而闻名于世。这位国王并不寻常，他自愿移交权力，转而采用民主选举。在移交权力之前，他下令增大全国的森林覆盖率，让全国每个孩子都学习英语，并提出了国民幸福总值的概念。国民幸福总值的概念一经提出，在世界各国迅速引起了那些对国民生产总值（GNP）持有异议的人的共鸣。正如罗伯特·肯尼迪所说：

> 国民生产总值把空气污染和香烟广告计算在内……它计算惨遭砍伐的红杉林……以及美化暴力的电视节目……
>
> 然而，（它）没有考虑到我们孩子的健康、他们接受的教育的质量以及他们在玩耍时获得的快乐……
>
> 简而言之，它衡量一切，唯独排除了那些让生命有价值的东西。[34]

国民幸福总值基于4个"支柱"：良好的治理、可持续发展、文化保护和发展、环境保护。这4个支柱又细分为包括医疗、教育、心理健康和社区活力等在内的9个"领域"。非常简单明了。

出于对国民幸福总值的好奇和对爬山的热爱，我于2006年前往不丹。在与不丹学者的交流中，有两件事给我留下了深刻的印象：首先，他们不知道如何测量国民幸福总值；其次，这并不重要，因为看起来这个国家做到了知行合一。正如一名英国广播公司（BBC）的记者所说的，国民幸福总值已经成为不丹的一种"生活方式"——国家贫穷，但人民生活幸福。

不久之后，经济学家们莅临不丹，对国民幸福总值进行"修复"，尽管它并没有遭到破坏。不管怎么说，如果不丹人不测量国民幸福总值，那他们怎么能管理它呢？很快，这9个领域都有了"自己的加权和非加权国民幸福总值指数……使用72个指标进行分析……甚至有人设计了一些数学公式，把幸福细化到最小的组成部分"。[35] 一项需要5～6个小时完成的调查"里面有大约750个变量"。[36] 这些技术官僚花了大量的时间处理总值，但跟幸福有关吗？

国民幸福总值的批评者对这种主观判断提出了疑问。"经济学教授戴尔德丽·麦克洛斯基批评这种衡量方法不科学……打个比方，社会不能以问人们今天天气是'热、刚好还是冷'作为物理学研究的基础。"[37] 要是教育、文化和幸福像温度一样可以测量就好了。我不知道国民幸福总值面临的更大威胁来自何方，是来自想撤销它的"敌人"，还是来自想测量它的"朋友"。

2013 年，闹得沸沸扬扬的国民幸福总值修复事件后不久，曾在哈佛商学院与经济学家迈克尔·波特一起学习过的策林·托杰成为不丹首相。不久，他声称国民幸福总值"分散了（一些人）对手头真正事务的注意力"，[38] 即"最基本的事情是……我们必须更加努力地工作"。[39] 他能理解努力工作，但是他发现自己"很难理解"国民幸福总值，事实上，"对我来说，国民幸福总值把事情搞得更加复杂了"。[40]

弗朗西斯·斯科特·菲茨杰拉德曾经说："检验一个人是不是拥有一流的智力，要看他能否在大脑中同时持有两种截然相反的想法，并依然能清晰地思考。"[41] 对于那些不能同时处理测量和幸福的经济学家或首相，我建议你们放下测量，歌颂幸福。

第四章
发展的故事

本杰明·富兰克林
如果人人都想的一样,那就说明没有人在思考。

Bedtime
Stories
for
Managers

杰克的转身

一位哈佛教授称,在课堂上,学生们等着老师告诉他们"答案"。人们对行动有一种固有的偏见。采用案例教学法,等于在说:"我知道你没有足够的信息,但根据你所掌握的信息,你打算做什么?"[42]

"好,杰克,现在你是猛犸象公司(Mammoth Inc.)的CEO。现在公司应该怎么办?"杰克突然被点名。老师在课堂上突然点名,目的是确保学生们为案例做好了功课。教授和杰克的 87 名同班同学在焦急地等待他的回答。杰克确实做了功课,自从教授告诉他们采用案例教学法的目的是"挑战传统思维",他就一直在思考。教授也数次提醒他,好的管理者都是果断干脆的,所以好的工商管理硕士必须有主见。于是,杰克硬着头皮回答了这个问题。

"您让我怎么回答这个问题呢?"这是杰克的第一句话。接着,他又说道:"昨天之前,我都没怎么听说过这个猛犸象公司。可是,今天您让我评论它的战略。

"昨天晚上我还要研究另外两个案例。所以,对于拥有无数员工和产品的猛犸象公司,我只能花几个小时研究一下。我快速读了一遍案例,读完又读了一遍,嗯,第二遍读放慢了速度。我不记得我用过猛犸象公司的产品。直到昨天,我才知道,我在地下室用过的老鼠药是这家公司生产的。我从来没去过它的工厂,也没去过其位于加拿大纽芬兰与拉布拉多省的总部。我没跟该公司的任何一名消费者聊过天(除了我自己)。当然,我更没有跟案例里提到的人见过面。还有,这是一家高科技公司,而我个人却跟高科技不怎么沾边。我的工作经验不多,过去在一家家具厂工作。只翻翻这几张纸就要评论它的战略,这种练习太肤浅,所以我拒绝回答您的问题。"

杰克这么回答的后果是什么呢?这可是在商学院,你应该能猜到。后来杰克从商学院回到了家具行业,全身心地投入到产品、人员和流程中。凭借决断力和挑战传统思维的勇气,杰克晋升为 CEO。几乎没有基于任何行业分析(商学院的课程内容之一),他和他的同事们探索出了一项战略,改变了家具行业。

当年坐在杰克旁边的比尔主动回答了教授的问题。他也从来没去过该公司的总部,但这并没有妨碍他回答问题。他提出了一两个精巧的观点,拿到了 MBA 学位。凭借这个学位,他进入了一家颇有名望的咨询公司。就像在商学院学习案例一样,他从一个项目跳到另一个项目,对那些不久前他还一无所知的问题提出一两个精巧的观点，然后在实施（也就是行动）开始之前离开。每次都是如此。

随着此类经验的积累，不久，比尔成了一家大型家电公司的 CEO。（他从未给家电公司做过咨询，但这家公司确实让他回忆起了猛犸象公司的案例。）上任后，他裁减了数千名员工，接着制定了一项炫目的高科技战略，并通过一个可谓戏剧性的并购来实施。结果呢？再猜一次。（或者看看下面这个小故事。）

> 哈佛商学院的两个学生写了一本书《哈佛商学院真正教你什么》。读者可能会问："在 2～4 个小时内看一下案例，并做出分析？"哈佛的答案：是的。学生每天需要做两三个案例的功课……所以他们必须努力又快又好地完成案例分析。[43]

几年前，哈佛商学院在《经济学人》杂志上刊登了一则高管培训项目广告。广告中，一位高管模样的女性说："我们一天研究四家公司。这不是理论，而是经验。"简直是无稽之谈。

MBA 担任 CEO：一些令人担忧的事实

商学院喜欢吹嘘它们的毕业生中有多少人担任了 CEO，尤其是哈佛，因为哈佛毕业生里当 CEO 的最多。但这些人作为 CEO，干得怎么样？实际工作所需要的技能和得到这份工作所需要的技能一样吗？

来到著名商学院的 MBA 新生们聪明、坚定、积极。在那里，案例研究教会他们如何在知之甚少的情况下巧妙地表达自己的观点。与此同时，分析技术让他们觉得自己可以解决任何问题，根本不需要什么深入的经验。

在商学院读书和毕业让他们倍感自信,更不要说拥有一个可以让自己平步青云的"老同学"人脉网络了。但之后呢?

一些令人吃惊的事实

研究中心不会研究这一话题。几年前,约瑟夫·兰佩尔和我做了一件没人做过的事情。1990年,长期在哈佛任职的大卫·尤因出版了《哈佛商学院内幕》(*Inside the Harvard Business School*)一书。10年后,我第一次读到这本书,书上第一句话是:"哈佛商学院大概是世界上最强大的私立机构。"[44]这本书中列出了19位"登上巅峰"的哈佛校友名单。他们是1990年哈佛的超级明星。有几个名字引起了我的注意,1990年以后他们再也没有在类似的名单中出现过。

于是,约瑟夫和我研究了这19个人在1990年后的发展情况。他们干得怎么样?一句话,不好。其中10位,也就是他们中的大多数,已经明显败北,或者公司破产,或者被迫离开CEO的职位,抑或在重大合并中遭遇失败,诸如此类。另外4位的表现令人生疑。这14位CEO中,有几位曾经扶植企业发展壮大或让企业扭亏为盈，可谓一时风光无限，而其企业后来走下坡路或崩溃的过程也颇具戏剧性。其余 5 位的表现似乎尚可。

例如，弗兰克·洛伦佐领导的 3 家航空公司都经历了重大失败；罗伊·博斯托克曾在著名的本顿－鲍尔斯广告公司担任负责人长达 10 年，在他退休 5 年后，这家公司便宣告倒闭。也许最引人注目和最具戏剧性的是比尔·阿吉的故事。他先后担任了美国奔德士公司和莫里森－纳德森建筑公司的 CEO。另一位哈佛 MBA 毕业生玛丽·坎宁安是比尔·阿吉的同事，她写过一本关于阿吉的书。《财富》(Fortune) 杂志的一位书评人写道：

> 很少讨论实际业务。即使讨论，也主要是膜拜一位叫战略的神祇……据我所知，战略的主要内容是让奔德士摆脱许多古板过时的产品，进入炫目的高科技领域。这为什么是个绝妙的主意，她在书中没有讲，连好在哪里也没有说。[45]

《财富》杂志的另一篇文章对此做了进一步的详细报道。阿吉"擅长财务和会计，精明地出售资产，投资其他公司……(但在)奔德士不明智地用高科技包装自己后……收购计划……事与愿违,最终导致奔德士被出售"。在莫里森-纳德森,阿吉"做了一些非常糟糕的商业决策"。一些高管称,他利用可疑的会计手法将利润提高了数千万美元之多。这篇文章的作者总结道:"阿吉的致命缺陷是,当管理者是他的弱项。"[46]

但话又说回来,也许他的角色是领导者,而不是管理者。(请阅读下面的准则并自行判断。)好吧,在教室里干坐上几年也不会破坏所有人的管理潜力,毕竟,名单上还有5位干得不错。但是,这14位"超级明星"的表现说明MBA学位成功地把一些错误的人推上了CEO的职位,另外,对案例和分析的强调又让一些原本适合做管理的人对管理产生了误解。

> ☕ **成为一个高高在上的领导者的准则**
>
> - 随时改变一切。特别是,要时常进行重组,让每个人都如履薄冰(而不是深耕业务)。无论结果如何,都不要改变这一做法。
> - 警惕内部人士。任何了解这家公司的人都是

可疑的。要引入一个全新的"高管团队",并且倚重顾问。他们可能不懂业务,但他们肯定会欣赏高高在上的领导。

- 关注现在。现在就做那笔引人注目的交易吧!过去已死,未来不可知(与奖金无关)。忽略现有的操作——任何业已形成的操作都需要时间来改变。相反,拼命地去合并,跟你一无所知的"魔鬼"合并在一起。这一定会博得股票市场分析师和日内交易者的眼球。
- 强调数字。这样一来,你就不用管理业绩,甚至不用相信业绩了。同样,你也可以把自己的薪水定成普通员工的几百倍,以此表明你的重要性。这就是领导力!最重要的是,让股票价格上涨,然后兑现、跑路。市场对高高在上的领导者的需求量很大。

更加令人吃惊的事实

我们的研究结果确实让人惊讶。研究结果没有证明什么，但无疑提出了一个令人担忧的严重问题：令人艳羡的MBA学位实际上可能是在损害管理实践。

更令人惊讶的是，我们的研究结果（发表在《财富》杂志非常显眼的位置上，也出现在我于2004年出版的畅销书《管理者而非MBA》中）没有引起任何反响。[47]一点都没有。你可能认为它本该敲响什么警钟，或者至少激发一点好奇心。关于商学院的调查结果令人吃惊，但这些结果湮灭于无声无息之中，这一点则更加令人深思。

更加令人不安的事实

最近，商学院教授丹尼·米勒和徐晓薇（音）（Xiaowei Xu）就这个问题发表了他们的研究结果。他们的两项研究的样本量更大，结果也更令人担忧。

在《稍纵即逝的荣耀：知名MBA首席执行官们的追名逐利行为》[48]一文中，他们使用了一个巧妙的样本：1970~2008年，登上《商业周刊》《财富》《福布斯》杂志封面的444位美国公司的首席执行官。他们研究了MBA领导的公司（占总数的1/4）和非MBA领导的公司，比较了这两类公司的业绩。

在登上杂志封面后,两类公司的业绩都出现了下滑。米勒评论说:"保持领先地位很难。"但是,MBA领导的公司下滑得更快,而且这种下滑"在登上封面7年后依然严重"。米勒和徐发现,"MBA学位与通过收购实现增长的权宜之计有一定关系……(这表现在)现金流减少和资产回报率较低"。然而,MBA首席执行官们的薪酬,事实上比非MBA的薪酬增长快了15%!显然,MBA首席执行官已经学会了如何玩"追名逐利"的游戏。米勒称之为"代价高昂的快速增长"。[49]

贪婪地吞下"价值"

他们另一项名为"MBA首席执行官、短期管理和绩效"的研究,[50]使用了更广泛、更近期的样本：2003～2013年美国主要上市公司的504名首席执行官。该研究结果与上述研究结果类似："我们发现,与非MBA首席执行官相比,MBA更倾向于采用短期的战略性权宜之计,如管理盈余和抑制研发。这些措施会损害企业的市场估值。"同样地,这些MBA首席执行官会再一次因为这种"绩效"而获得奖励。

为什么这个问题成了痼疾

商学院取得了巨大的成功,在某些方面它们实至名归,比如做了大量重要的研究。有些商学院是跨学科工作的中心,其中的佼佼者更是把心理学家、社会学家、经济学家、历史学家和其他学科的专家汇聚在了一起。虽然它们在管理实践方面的做法令人诟病,但其MBA课程在培训金融和营销等业务功能方面做得不错。它们在很大程度上助长了不当管理,可为什么商学院还在坚持推广这种管理项目呢？

这个嘛，毕竟商学院那么多毕业生正在登上"最高层"，为什么要改变呢？虽然其中很多人在伤害公司、经济和社会，但这不是商学院关心的重点。

"延续之前的做法，也会延续之前的结果。"[51]

让管理者参与实践

现在有很多商业教育,但几乎没有管理教育。你是一名表现出色的管理者,在职场上却不断被那些只会把事情搞砸的 MBA 超越,该怎么办呢?自己去读一个 EMBA,加入他们的行列? EMBA 课程让管理者参与实践,才值得去读。

你真的想坐在一排整齐的座位上,听老师讲行动和参与?或者对几乎一无所知的公司品头论足,而你自己的一手经验却被看得一文不值?另外,你是对工商行政管理感兴趣还是对管理实践感兴趣?

这些年来,我去世界各地的商学院做讲座,主题无非是传统的 MBA 教育在管理教育方面存在的问题,即"用错误的方式培训错误的人,导致错误的结果"。商学院的学生缺乏经验:教室里是培养不出管理者的。有鉴于此,传统 MBA 教育在教学方法上只能偏重于分析:由于无法教授管理的艺术和手艺,老师们依赖科学,讲授分析和技术,或者采用与体验相分离的案例研究。表面上这教会了研究生管理一切,但实际上他们没学会管理任何东西,这往往会造成严重的后果。MBA 毕业时,应该在其额头上盖上一个骷髅旗的印章：警告！没准备好做管理！

我在做讲座的过程中，不乏有人问我这样的问题：您为此在做什么努力？（永远不该问一个学者这样的问题。我们学者的任务是批评，而不是遇到问题出手修正。）尴尬之余，我跟世界各地知名商学院的同事联合起来，创办了国际实践管理硕士项目。[52]

教室里培养不出管理者，但经验丰富的管理者可以从课堂中受益良多。这样的课堂鼓励他们反思过去的经验，互相分享真知灼见。如同 T. S. 艾略特在诗歌《干赛尔维其斯》中所写的，"我们有过这样的经历，但没有领会其中的意义"，管理教育的目的应该是从经验中领会其意义。

参与国际实践管理硕士项目的管理者平均年龄在 40 多岁。通过 16 个月的在职学习，他们参与了 5 个、每个为期 10 天的教学模块。上课地点分别在英国、加拿大、印度、日本和巴西。他们学习的重点不在业务功能，而是关注管理的思维模式：

- 反思——管理自己
- 分析——管理组织
- 练达——管理环境

- 合作——管理关系
- 行动——管理变化

1996年，第一个模块（关于反思这种思维模式）结束之际，大家对彼此说"认识你太好了！"，而BT公司的销售经理艾伦·韦兰却说"认识我自己太好了"。

我们的项目有个对半分原则：把一半的课堂时间交由管理者自主安排。因此，他们在工作坊中围圆桌而坐，方便随时进出。

如图4-1所示，这些管理者并没有独来独往，空降进入教室，坐在一个孤零零的座位上独自学习。他们是社会

学习群体中的成员，在环境中彼此联结，如图 4-2 所示。这种安排引发了很多新的实践。[53]

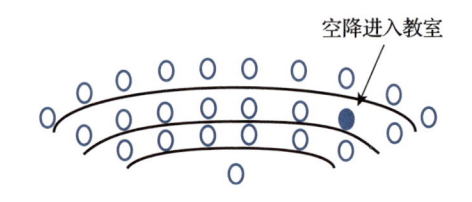

图 4-1　独自学习

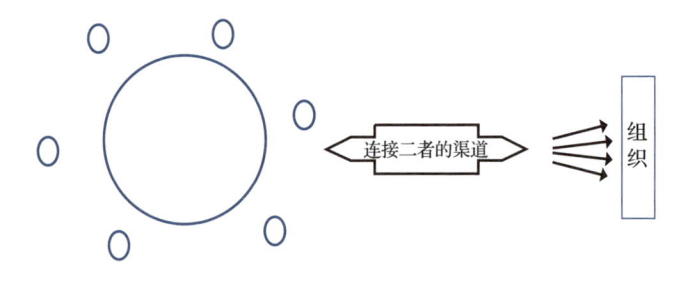

图 4-2　社会学习

- **友情咨询**。在友情咨询中，每个管理者担忧的问题都变成了管理者所在小组关注的焦点。例如，在上课期间，有个组员的上司突然辞职了，她非常纠结要不要接替这个空出来的职位。对此，在一个小时非常有帮助的友情咨询之后，大家意犹未尽，继续在午饭期间讨论。

- **管理互换**。马尤尔·沃拉在印度浦那经营着一家生产果酱和果冻的公司，弗朗索瓦丝·勒戈夫是位于日内瓦的红十字国际委员会非洲办事处的第二负责人。他们俩是第一批参与管理互换的项目成员。互换规则是两位管理者结成对子，在对方的工作地点待上大约一周。互换开始时，马尤尔看到弗朗索瓦丝在打字，便问道："不能让秘书打字吗？"这就要提到练达这种思维模式：日内瓦不是印度浦那。（所以我们把这种思维模式称为"练达"，而不是"全球化"：国际实践管理教育项目的目的就是走进他人的世界，以便更好地理解自己的世界。）互换的最后一天，马尤尔告诉弗朗索瓦丝，他希望见见弗朗索瓦丝的员工。所有员工都排队约见，告诉马尤尔他们心目中弗朗索瓦丝的管理风格。弗朗索瓦丝说，马尤尔"对我来说就像一面镜子"。
- **影响小组**。我们要求参与项目的管理者回到实际工作中后，在公司内组建影响小组，把在项目中学到的做法带回组织，促成变革。有句话说，永远不要把一个已经改变了的人送回还未改变的组织。但我们的实践管理项目一向认为，参与者自身改变之后，应当为组织带来改变。一家小公司遇到了严重的问题，这家公司里我们项目的一位学员出手收拾残局。他组建了一个影响小组,后来据他说,这个小组拯救了公司。

在为公司某些专业职位培训人才方面,MBA 课程公认做得不错,但也要承认它在培训管理人才方面效果确实欠佳。除了 MBA 课程,现在是时候开展管理教育了。[54]

不要光坐在那儿

本故事是与乔纳森·高斯林合写的。

设想一下,在董事会上,董事长背对大家,会议快结束时才能发言。设想一下,一场大会没有主讲人,只有主听人。再设想一下,管理者们围坐成一个圆圈做"展示和介绍",跟他们在上幼儿园时做的一模一样。听起来是不是很傻?

多年来,我们在实践管理项目中一直在做这些很傻的事情,取得了巨大的成功。学员们听得更投入,讲话更深思熟虑,解决问题也更加有效。不像以前,学员们只是听"发言者"讲话,或者在等待发言的过程中根本不听,或者在开会的时候谁都想抢着发言。我们在安排座位方面用了很多种不同的方法,鼓励课堂内外的公开讨论和开发。

在筹备国际实践管理硕士项目的时候,南希·波多尔问我们:"你们打算怎样为学员安排座位?"她刚为福特的管理层开发了一个新项目,当时正在帮助我们设计这个项目。

我们的回答是:"让他们坐在那种 U 形阶梯教室里?"

"别让学员坐在马镫形多功能腿架上!"南希反驳道。

我们明白她的意思！从此以后，我们再也没把教室布置成 U 形（除非学员们要求我们背过去坐，让我们当主听人）。

一半时间用于圆桌交谈。我们让管理者围小圆桌坐下。课堂上的一半时间用于管理者们互相学习。不需要中间休息。他们当然可以从老师那里学习，但是他们从彼此身上学到的东西也不会少。圆桌把一组个体参与者变成了一个社会学习的群体。

围坐成大圆圈展示和讲解。在分桌讨论后的全体讨论会上，我们之前的做法跟大多数课程一样：让每个圆桌的学员总结一下讨论结果，轮流说一圈。这是很糟糕的做法。后来，有一天，一位新来的教授让所有人围坐成一个大圆圈，包括他自己。这么一来，学员们的展示和讲解特别精彩。第二天，另一位教授也让他们围坐成大圆圈，但是他自己站着，好像在说："我准许你们讲话，告诉我你们的看法，我会适当给一些反馈。"（教授，教授，必须教授。）

第三天，又有一位教授站在圆圈里，向大家宣布"这里由我负责"，然后走出了教室。全体讨论结束后，学员们告诉他，下一次上课他要和所有人一样，围坐在圆圈里。

主听人。这样做怎么样：每张桌子上都有一人背对大家而坐，只听不说话，当一个主听人，然后让所有主听人在全体讨论会上跟大家说一说他们听到了什么。毕竟，优秀的管理者也得是好的聆听者。

里圈。全体讨论时，我们有时候会让主听人坐在大圆圈的中间，面向彼此并围成一个小圆圈，即里圈，聊聊他们刚才听到了什么，而外圈的人负责听。这样一来，外圈的人又从里圈的人嘴里听了一遍自己刚才的谈话。

拍一拍，换圆圈。里圈的人说完以后，外圈有些人会按捺不住想要补充点什么内容。这时，他们可以去拍拍里圈的某个人，两人互换位置，然后讨论继续。实际上，这样做给讨论增添了新的血液。这是件非常有趣的事情：交谈一直在进行，谈话内容在不断更新；每次只有少数几个人交谈，所有人都参与了进来，但没有负责人。有一次，一位《纽约时报》的记者来参观国际实践管理硕士项目的课堂，我们让他坐在里圈。问题是，没有人敢跟他互换位置！[55]

走出教室。管理者和教授在教室里讨论得很开心，这非常好，但这种讨论不必止步于教室。我们曾在大型会议上用主听人来代替主讲人。在一个工作坊中，200人分组围圆桌而坐进行讨论，接近尾声的时候，我们问每个圆桌的人："快，指一下，你们这桌谁的想法最棒？"然后让被指到的人上前来讲述一下他的想法。一位参与者说，这项练习"把一场大型会议变成了一系列有意义的谈话"。

走进管理场所。一些大公司的董事长学员还未采取我们那种在董事会上背对大家而坐的方式（或许他们太忙于扭转公司的局面）。但是设想一下，在工作场所采用这种做法——圆桌、反思、主听人、外圈和里圈。或者不用设想，问问卡洛斯就行，他参与了我们另一个项目（即embaroundtables.com，是一个类似的项目，但为期只有一周），体验了上述做法。他回到位于墨西哥城的工厂后，在一楼设了一张圆桌，并把照片通过电子邮件发给我们，邮件内容是：遇到难题需要反思的时候，我们经常使用这张圆桌。

圆桌边的自我训练。后来，我们推出了另一个项目，名为"CoachingOurselves.com"。这个项目取消了教授、教室和会议。管理者们在自己的工作场地上，分为一个组或多个组，围着圆桌而坐。每个小组下载某一模块的资料（如"战略盲点""把组织发展成社区""打磨战略"），然后把资料与他们共同的体验结合起来,并把由此得出的领悟带回到工作中,促进组织的发展。

改变一下管理者座位的排列方式,管理方面的进步就可以变成组织的进步。[56]

第五章 情境的故事

英国外交部研究员（1903~1950年）

年复一年，每年都有人忧心忡忡、焦虑不安地跟我讲，看样子要爆发战争了。我每次都予以否认。我也就错了两次。

Bedtime
Stories
for
Managers

管理家族企业

家族企业要是能解决其继承问题，那我就是它的拥趸。我对那些继承父业的儿子抱有怀疑，对那些坚持让儿子继承家业的父亲，特别是那些绕过女儿的父亲（后面会谈到这一点）更是满怀疑虑。家族企业在继承问题上需要"广撒网"，也不要把自己局限于股票市场。

追随父亲

我的父亲是位非常成功的企业家。他创办了一家服装厂，为我们提供了优渥的生活。我很小的时候，就宣布以后绝不为父亲工作。长大成人后，我成了一名学者，我的父亲则卖掉了企业。

跟我一起在蒙特利尔长大的小伙伴们，很多也是出生并成长在企业家家庭，但他们走上了另一条路。他们长大后，几乎是顺理成章地进入了家族企业工作。少数几位干得还行，使企业发展壮大的屈指可数。大多数小伙伴要么竭尽所能维持现状，要么就把企业拖垮了。还有一些人遭遇了亲戚间的争权夺利，被迫退出家族企业，靠遗产投资生活。总而言之，他们的现状谈不上多好。我小时候知道的所有家族企业，其中一些还是非常出色的企业，存活到现在的寥寥无几。

这遵循了一条著名的轨迹：第一代创业，第二代守业，第三代毁业。回想一下我年轻时在蒙特利尔的所见所闻，最突出的例子是当时世界上最大的威士忌酿造公司——施格兰（Seagram's）。塞缪尔·布朗夫曼创建了这家公司，他有一段时间曾成为世界首富。他的儿子埃德加把公司总部搬到了纽约，中规中矩地维持着公司业务。他的孙子，迷恋电影制作的小塞缪尔接手企业后，成功地终结了这个帝国。

从来没有谁因为是商业天才的后代，加之继承了上一代的财富，便理所应当地成为一个商业天才。出生在商业天才之家，未必就具备天赋，也未必拥有经营一家充满活力的家族企业所需要的创造力和旺盛的精力。很多后代因为身边围绕着一些看中其财富而贴上来的阿谀奉承者，变得傲慢自大，结果一事无成。我对创办并热爱自己企业的企业家充满敬意，但对其后代持保留态度。

现在，该弗雷德登场了。他突然联系我，要从新加坡过来，跟我探讨管理和社区力。当发现弗雷德是其家族企业（一家很大的海运公司）第三代掌舵人时，我心里想：哦，不会又是一个不成器的第三代吧？

弗雷德与他的女儿、弟弟和一位助理一道前来，他们都很有礼貌。见面后，我对他的印象很快发生了变化：弗雷德看上去一点也不像一个第三代。我们一见如故，一起吃了饭，然后在城里兴致勃勃地散步。我发现弗雷德是个有趣的人。这背后有什么故事？

弗雷德说，他也下定决心不继承父业。他年轻时借了一些钱，从新加坡去了马来西亚，在那里创造了自己的财富，之后把他家族企业的所有业务一个一个买了下来！好一位创业家！弗雷德不打算跟他的兄弟姐妹一起继承父亲的产业。他实际上是通过他的父亲，把他们的股份全买了下来。

责怪父亲

现在我们从父亲的角度来考虑一下继承问题。为什么一涉及继承问题，那么多精明的企业家就变糊涂了？为什么他们不管什么情况，一定要把指挥棒交给自己的孩子，而且一般交到儿子手上？这就跟玩俄罗斯轮盘赌，在六个弹槽里放了五颗子弹一样。

几年前的一项研究表明，父弱母强的家庭容易养出有创业家性格的孩子。这种家庭的父亲要么懒惰、不负责任，要么酗酒，要么干脆缺位。[57]不是每个创业家的家庭都这样，但这种情况确实非常普遍。可能家里的长子替代了父亲的角色，成为一个坚强、有责任心、掌控局面的人，这些对创业家而言都是良好的品质。有鉴于此，每每遇到一个有意让儿子接手的企业家，我都会问："你父亲是个出色的生意人吗？"答案往往是否定的。"那是什么让你认为你儿子会是呢？"

广撒网

不要误会我的意思：有时候无心插柳柳成荫。从愿意倾囊相授的父亲或母亲那里学习怎样做生意是一种非常深入的学习方式。现在，越来越多对经营有天分而且有兴趣的女儿成了家族企业的接班人。这可能是因为父亲与女儿的关系和与儿子的不同。不说别的，父亲可能更愿意听女儿的话。这是否意味着儿子更可能天生是企业家母亲的接班人？

网可以撒得再广一些。杜邦公司的巨大成功在很大程度上要归功于创始人的侄子们。把亲戚包括在内，选择面就更广一些。让玛莎百货成为行业翘楚的是创始人的女婿，庞巴迪公司也是如此。至少在创始人的女婿掌管公司期间，庞巴迪还是一家伟大的公司，后来又传到创始人儿子手里，情况则不如意。（我们拭目以待，至少现在看来状况欠佳。）可能有些女性倾向于嫁给跟她们的父亲相似的男人。

我之所以对许多家族企业青睐有加，在于它们的精神、它们的灵魂，这种精神和灵魂体现在它们对顾客和员工深深的尊重上。它们把员工视为家族的一部分。家族传承非常珍贵，这对家族来说当然如此，对员工和企业经营来说也是如此。但也有例外，有些创业公司不是这样的。

但是，这并不能解决继承问题。当创始人要离开，又没有能干的后代接替他的位置时，该怎么办？如今的答案是在股票市场上进行IPO（首次公开募股）。这是个糟糕的答案，至少，如果想要把家族企业的精神传承下去，IPO是个非常糟糕的选择。没有谁比一群唯利是图的股东和分析师更能分分钟扼杀这种精神了。他们眼里唯一的价值就是股东价值，会无所不用其极地追求更高的股价。

除了IPO，还有其他的选择，我会在后面的故事里讲到。总之，一个充满活力的企业是由创业者而不是守业者发展起来的；一个民主社会的稳固有赖于那些依靠自己的聪明智慧取得成功的人，而不是生来即享有财富或权力的人。我们需要能自主开创一片天地的人，其中也包括重归故土，把家族企业买下来。

全球化？还是全球视角

这个球实际上是个肥皂泡（我们的地球也是这样吗？）

我们需要在全球进一步推动全球化吗？多点全球视角怎么样？

在我们的国际实践管理硕士项目中，为期 10 天的练达模块（前面的故事里已经介绍过了）专注于公司所处环境中的社会、政治和经济问题。之所以给这个模块起这个名字，是因为我们希望从我们的项目中走出来的管理者更多几分开阔，而不是通常所说的走遍了全球。全球化的背后是千篇一律，所有人都遵循同一套信念、技术和风格。众多公司渴求的创新，能靠这样的方式来培育吗？我们应该赞美管理者的独特性，而不是千人一面。

"全球化"可以"总括"地球上的一切。但是，"练达"意味着拥有全球视角，把"成熟的"和"有实际经验的"结合在了一起。有用的话值得再重复一遍：大局不需要从高处设定，用实地经验可以构建得更好。

练达模块在位于印度班加罗尔的印度管理学院举行是有原因的。对该项目里的非印度籍管理者来说，印度是另一个世界，在某些方面甚至可以说是超凡脱尘。第一次去印度开讲这个模块时，我下了飞机，就和简·麦克罗里一起搭乘一辆出租车。简是汉莎航空公司的一名美国籍经理。从她那次乘车的反应来看，幸亏我们没坐电动三轮车！几天后，她问一位印度教授："这样的路况，你怎么还能开车呢？"

教授若无其事地回答："我跟着车流走就好了。"欢迎来到练达模块！那不是一片混乱，而是另一个世界，有着自己的逻辑。

在这个模块中,管理者不是去国外观光猎奇。印度的同事接待他们,就像他们曾在自己国家主办的模块中接待印度同事一样。在班加罗尔,斯里尼瓦桑教授以"我想让你通过我的眼睛来看它"为主题讲授了做生意的文化维度。这很契合练达模块的精神。

要有多少个国家才算全球化?我在全球各地问过很多管理者,有多少人的公司在海外的销售额超过了总销售额的一半。人们惊讶地发现,有那么多公司没有过半。再想想有多少零售企业、银行、食品企业和房地产公司都是在本地经营的。

此外,在许多"全球化"公司的总部,大家的思维很明显还是非常本地化的,包括 CEO 在内——不管他们去过多少个国家,思维照例非常局限。公司不需要管理者说着本地话,游荡全世界,传播本地话。不管是在办公室还是在全球其他地方,公司都需要一个全球视角,由能够理解不同世界的管理者来推动,就像 T.S. 艾略特的诗作《小吉丁》[58] 里深受人们喜爱的诗句那样:

我们将不会终止我们的探寻,

我们所有的探寻的终结

将来到我们出发的地点,

而且将第一次真正认识这个地点。

谁有能力管理医院

应该由谁来管理医院和其他卫生保健机构？关于这个问题的讨论正如火如荼地进行着。[59]应该是医生吗？还是护士，或者是职业经理人？医生懂得治疗，护士了解护理，职业经理人擅长控制。但他们之中有谁对这三方面都了解呢？因此，我们有充分的理由拒绝这三类候选人。

所谓职业经理人，也就是据称有资格管理一切的人，已经在本书中被抨击过好几次了。没有人会因为接受了几年抽象的工商管理教育，就能胜任复杂多变的管理实务。

因为管理跟医学不同，它称不上一门科学，也不是一个需要专门技能的职业。换句话说，关于组织中的"疾病"及其"治疗处方"，几乎没有可靠且明确的规定，所以管理必须作为一门手艺来实践，植根于经验；也是一种艺术，依赖洞察力。就管理而言，入心比入脑更重要。

排除掉职业经理人，医生怎么样？毫无疑问，他们对手术有着深刻的了解，并且他们的意见容易引起别人的重视。还有，从根本上来讲，医院不就是跟医学有关吗？上述这些都正确，但是，管理卫生医疗，仅仅了解医学可不够。实际上，我们有理由相信看病和管理是两码事。

职业训练使然，医生们大多独立、果断。每次出诊，医生都必须给出明确的诊断意见，即便诊断意见是无须治疗。而管理上的决定不仅更加模糊，还要求更多合作。几年前有一幅漫画，上面画着几个外科医生围着一个打了麻醉的病人，配文写道"谁动第一刀？"。在管理上这是一个严肃的问题！此外，医学往往是干预性的，主要采取间歇性治疗，而不是持续治疗；它通常只关注部分而不是整体；它力求科学性，以证据为基础。有鉴于此，让医生来管理医院，你很难不焦虑。

这样就只剩下护士了。他们的工作内容往往涉及更多情感，与病人接触更多，更具合作性。他们更关注作为一个完整的人的病人。还有，他们的工作是持续性的护理，不是间歇性的治疗；涉及更多的团队合作。因此，护士里应该有人更适合管理医院。这毋庸置疑。可是，怎么让医生接受被护士管理这一点呢？

因此，结论很显然：这三类人都不能管理一家医院！跟管理一家综合医院相比，即使经营一个业务繁杂的大公司，看起来也像是小孩在过家家。咄咄逼人的医生、焦头烂额的护士、虚弱无力的病人、忧心忡忡的家属、坚持主张的出资人、装腔作势的政客、不断上升的成本和飞速发展的技术，所有这些都在生与死中交织。

不过，确实有人可以管理医院和其他卫生保健机构，有时候还管理得非常出色。因此，关于应该由谁来管理医院这个问题，还有一个显而易见的答案：管理医院的应该是某个人，而不是某类人。我遇到过一些为人称道的医生院长（蒙特利尔最受人尊敬的医院院长之一是一位拥有MBA学位的产科医生），同样，我也见过风采斐然的护士院长。想想如果机会允许，还会冒出多少善于管理的护士吧。

我比较青睐先做业务，然后进入管理行列的人，不管他原来是护士、医生、社会工作者，还是从事其他专业的工作。网撒得越广，成功的概率就越大。

管理政府，治理管理

政府当然需要管理，但管理本身也需要治理。对于公共服务，切不可放任自流，尤其是仿效盛行的企业管理方法的新公共管理。管理政府和管理企业不一样。

这种新公共管理也算不上有多新。它始于20世纪80年代英国首相撒切尔夫人的内阁。然而，对今天许多有影响力的人来说，这种不太新的新公共管理仍然是管理政府的"最佳模式"。

我们前面说过，管理没有最佳模式。对新公共管理的盲信已经让许多政府部门、医院和非政府组织深受其害，更不用说企业了。这些组织中盛行的许多做法实属挫败创新、破坏文化，并导致员工离心离德。（后文会讲到这一点）

从本质上讲，新公共管理寻求的是：①把各项公共服务分离开来；②每一项服务都由一名管理人员来管理；③他对业绩的量化指标的完成情况负责；④将接受这些服务的人视为"客户"。我们逐条来看一下。

我是政府的一名客户吗？ 谢了，我不是！我不会在冷冰冰的写有"货物出门概不退换"标识的市场上购买治安和外交服务。我真的必须被称为"客户",才能受到体面的对待吗?看看现在一些银行和航空公司是怎么对待它们的客户的。

我是一位公民,我完全有权利比单纯的客户抱有更多的期待。说到底,政府是我的政府。我也是一位国民,对我的国家负有责任。比如,在麦当劳吃完饭我会把托盘上的食物残渣倒入垃圾桶,如果把垃圾留在公园里,我可能会被斥为乱扔垃圾。在战争期间应征入伍的士兵,他们是军队的客户吗?还有罪犯,他们是监狱的客户吗?当然,可以说我是国家彩票的客户,但坦白地说,政府不可以鼓励我去赌博。政府自诩为企业,这是在贬低自己。

政府服务可以彼此隔离,并且不受政治影响,从而让政府的管理人员对各自的绩效负责吗? 有些方面可以,比如上面提到的国家彩票例子。但是国防和外交领域呢?强生公司可以有一个泰诺的品牌经理,一个安那舒的品牌经理,但是政府能安排一个品牌经理来发动战争,安排另一个品牌经理来进行和平谈判吗?政府可以委任一些人去开展这些活动,但他们的责任能彼此隔离,结果能各自归因吗?政府的各项活动盘根错节、相互交织,有时候这让人很恼火。

此外，公共服务的政策制定，怎么可能那么容易和行政管理分离？当然，我们需要防止当选的从政者干预事务，尤其是在有可能存在腐败的地方。

设想上层建筑做计划，下层建筑来执行，从政者因此可以落实他们制定的法律法规，让公务员去忠实地执行。这一设想未免太过简单。因其工作的模糊性，政府更需要"了解"自身的战略或政策，而不是去"计划"战略或政策。关于执行新的法律法规，一线工作人员需要面对实际执行的结果，他们要在执行过程中做出调整。

我们在多大程度上可以相信政府的绩效指标？ 新公共管理对待绩效衡量一向无比热忱。当然，可以衡量的我们必须去衡量，只是不要自欺欺人，假装所有重要的东西都可以衡量。实际上，很多活动归到政府部门，恰恰是因为这些活动的绩效不容易被衡量。

所以，如果下次有公务员把你称为客户或强加一些人为设定的指标给你，或你在政府部门遇到一位"CEO"，或有竞选人宣称必须像经营企业一样经营政府，让他们来读读这个故事。[60]

第六章
责任的故事

佚名

我站起来,想要分担责任。他们告诉我,去拿个号,排队等待。

Bedtime
Stories
for
Managers

姗姗来迟的一封信：CEO 致董事会

亲爱的董事们：

在此我谨提出一个建议，看似激进，实则保守，皆因我作为本公司 CEO 的主要职责是维持企业的健康发展。因薪酬太过丰厚，我无法遵从管理的本分来管理公司。我请求董事会大幅度削减我的工资，取消我的所有奖金。

在本公司，我们强调团队合作——所有员工是一个整体。那为什么只有我得到了丰厚的报酬？至于奖金，则最为匪夷所思。跟公司所有人一样，我付出劳动，得到报酬，为什么要给我额外的钱？如果信任公司，我会购买公司的股票。如果不信任公司，我势必辞职。丰厚的奖金背后是所有业绩均归功于 CEO 的谬见。

现在有员工给我写信，对我拿高薪感到愤愤不平。这让我心有不安，但更麻烦的是，我无法给出合情合理的答复，除非宣称我比他们重要好几百倍。这不是领导力，也不是公司经营之道。

我们在董事会会议上时常讨论公司的未来发展。那为什么我会因为股价的短时上涨而得到奖励？你们都非常清楚，为了高额奖金，我完全可以使用各种伎俩来拉高股价，这样做的代价是破坏公司的长期可持续发展。

　　自从把股东利益这套谬论奉为圭臬，我们的公司文化已经完全没落。一线员工告诉我，这妨碍了他们为客户提供服务——迫于股东利益，他们被迫向钱看，而无法关注人本身。久而久之，很多人已经心如死水。一位员工最近跟我说："整天算来算去，我们员工变得一点也不重要。那我们还在意公司干吗？"

　　我一向为自己勇于冒险而感到自豪，这也是你们让我担当这个职位的原因之一。为什么股价上涨时我获益丰厚，而股价下跌时我却无须归还分文呢？这算什么冒险！你们知道吗？我已经厌倦当一个伪君子了。

　　给我丰厚的薪酬，是为了向其他公司的 CEO 看齐。这是老生常谈。因为此举，我变成一个跟随者，而非领导者。请停止这种离谱的共谋行为。我的薪酬不应该是什么外部的战利品，而应是我们正在努力打造的公司文化的内部标识。

　　因此，请帮助我遵从管理的本分，专心致志地做管理。

　　此致

敬礼！

您的 CEO

一伙赌徒

一些 CEO 很喜欢用赌博行话来比喻,比如"加倍投注"等说法。所以,让我们来看看特殊形式的"赌博"。

1. **CEO 用别人的钱"赌博"**。如果你能当上 CEO,这真是个好差事。

2. **CEO 赌徒们不是赢了之后收钱,而是在看上去要赢的时候收钱**。虽然需要过一段时间才知道是不是一手好牌,但 CEO 赌徒们在游戏的中途就收钱了。这就像还没抽牌,就把桌上的全部赌注拿走了。

3. **CEO 赌徒们输了也收钱**。我跟你打包票,真赌博可没有这回事,真赌博里没有黄金降落伞[一]——失败了还有奖励。

4. **有些 CEO 赌徒只需抽牌,甚至无须出牌就能收钱**。一些在管理公司方面碌碌无为的 CEO

[一] 黄金降落伞是指公司被并购或收购,这导致高级管理人员被解雇,公司因此为他们提供丰厚的补偿费。——编者注

在管理自己的薪酬方面却聪明过人。例如，签署一份大手笔的并购协议从而拿到奖金。不过，谁也说不准这项并购能否成功（大多数都以失败告终）。

5. CEO 赌徒们仅凭留在牌桌上也能收钱。这笔没来由的钱被称为"挽留奖金"。CEO 们不仅因为工作拿钱，还因为没有离开工作而拿钱。如果你能当上 CEO，这确实是个好差事。

减员：21 世纪的放血疗法

给我让开！

就在 200 年以前，放血还是治疗各种疾病的常用方法。医生在束手无策的时候会给病人放血，有的病人因此而丧命。现代社会已经进步很多了，至少在医学方面如此。

但是，管理领域并非如此——放血疗法仍风靡于管理领域。穷于对策的企业高管们裁掉大批员工，因而湮灭了这些组织和社会的文化。被裁员工的生活遭遇重创，但这种做法却被冠冕堂皇地称为：减员。大家都这样做，就说明这样做正确吗？这是领导力吗？

减员盛行，因为容易。身居高位的人只要想一个以三个零结尾的数字，比如 5000，就行了。把那些麻烦的部分和愧疚感留给中层和基层管理者，让他们把那些零变成一个个备受打击的人。张三和李四什么都没做错，他们的错误在于选择了错误的公司。不管怎样，他们必须带着自己和全家人的焦虑，收拾东西出门——而公司则如释重负。

至于那些留下来的人力资源，他们必须加倍努力，接手被裁同事的工作，很可能还会被降薪，至少在累垮之前他们要这么做。猜猜他们对工作是否抱有自豪感、对公司有多强的责任感和是否尊重客户。话说回来，他们又能跟谁去抱怨？在这样的情况下，能有份工作就谢天谢地了。虽然正是公司这种一贯做法造成了目前的困境，但他们无处可以抱怨。所以，他们非常谨慎小心。毕竟，下一拨被裁掉的就可能是他们。毁掉一家欣欣向荣的公司，还有比这更好的方法吗？

当然，公司若深陷困境，必须拯救自己。拯救可能意味着为了顾全大局而裁减某些工作岗位。可是，大多数裁员根本就不是为了自救。它们的目的是为薪酬丰厚的高管们保留奖金。如果一家公司的业绩出现下滑，华尔街之狼们会闻风而至，在门口边号叫边等待牺牲品——被裁的员工。扔给它们一些牺牲品，可以把成本降下来，从而让利润上扬，至少维持到知情者变现股票、拿钱走人。

成千上万名员工怎么会突然变得冗余？就在几个星期前，没有一个人注意到公司不景气吗？到底是谁在管理公司？很可能就是那些正在盘算减员的人。单这一点，就证明了他们的无能：他们正在掩盖自己造成的问题，或者因自己的忽视而导致的问题。他们不是在解决问题。所以，被裁掉的应该是那些盘算着裁员的人。

故事里的小故事

数年前，一家大型出版集团的部门负责人得知，跟其他部门一样，他必须把本部门的人裁掉10%。他提出反对意见，指出他的部门经营良好，没有人员冗余。实际上，上级之前还同意他再增加一些人员。他的部门没有人浮于事的情况，但他必须拿出牺牲品。

所以，他被带到大老板面前（一位著名的出版人，他后来的做法更加过火）。这个了不起的大老板亲口告诉他，如果不裁员10%，他就得自己走人。他断然拒绝后果然被裁，可以说，他因为善于管理、经营有方而受到了惩罚。

这位部门负责人随后自己创办了一家出版社，并按照他心目中的想法来经营。该出版社现在已经成为行业的一个传奇：员工们不为销售量、股东价值和作者的声誉所局限，他们相信图书本身的价值、情怀和作者的真知灼见。这个出版社成为一个同心同德的社区，员工心系公司，对工作热情投入。该公司后来决定筹措一些资金，发行了一种可以被称为 IAO（initial author offering，意为"首次向作者募股"）的东西（也对其他股东开放）。公司的所有作者都有机会购买此种股份。包括我在内的 60 位作者都买了！这里没有华尔街之狼蹲在门口。在举步维艰的出版领域，它一直运营良好。它就是我这本书和之前 5 本书的出版社 BK。

生产率与破坏性的生产率

身为一个加拿大人,我多年前就听够了经济学家关于加拿大经济生产率低下的说法。加拿大经济发展态势良好,远胜于其南面拥有超高生产率的美国。可这种声音一直不绝于耳。关于生产率,有没有负面的含义?

答案是,有。有两种生产率,一种是生产率,另一种是破坏性的生产率。问题在于,经济学家分不清二者的区别。

经济学家衡量生产产出和劳动力投入的比率。当这个比率上升时,他们就宣告生产率提高了。这背后的假定是员工更为训练有素,或者购买了更好的机器,又或者优化了工作方法。这可以解释一定程度的生产率提高,但不能解释全部。有些高生产率从长期来看难以为继。关于生产率,破坏性的一面正呈上升趋势。

经济学家研究飘在空中的统计数据,企业家则脚踏实地投入生产。如果使用统计数据的人不知数据从何而来,那么数据就是危险的。看看下面这个不算是假定的例子。

作为一家制造企业的 CEO,你决意把它打造成生产率最高的企业。你只需这么干:把工厂所有人都辞掉,利用库存给客户发货。劳动成本降低,但销售还在继续。问任何一位经济学家，他都会说：生产率很高！这对公司也非常有利，当然，等库存耗尽，就不是那么回事了。

有一些方法可以不那么明目张胆地实现高生产率——削减研发经费、减少维护成本、降低质量。这些措施效果立竿见影，成本马上就降下来了（虽然它们最终会毁掉公司）。最妙的是，这些方法简便快捷，不像培训员工、优化流程和开发产品那么费劲。

若诸多公司都采用此类计谋，那我们的经济将耗尽库存，留给社会的时间也所剩无几了。

不是偶发的丑闻，而是综合征

"大众汽车公司在想什么呢？"问这个问题的是加拿大一家报社的一位编辑。他请我就大众汽车公司的丑闻写一篇评论文章。当时，大众汽车公司涉嫌柴油发动机排放超标，还设法规避政府的监管。他的这个问题基于一个很大的假设：除了贪婪之外，大众汽车公司竟然置其他所有于不顾，比如公司的未来、正义和地球。

你知道这个事情后，发誓以后再也不买大众汽车了。那买雪佛兰？得当心点火钥匙，它已经造成了一些死亡事故。买丰田怎么样？你准备好躲开存在安全隐患的气囊了吗？

在欧洲、美国，还有世界上大部分地区，都存在这种情况，腐败并不局限于汽车行业。看看美国和欧盟的银行丑闻吧。例如，高盛公司涉嫌操纵回收铝市场，它平白无故地将铝锭从一个仓库移到另一个仓库，借此吸走了50亿美元。但该公司宣称它没有违反法律。问题恰恰就出在这里。[61]

一家航空公司把一位旅客拖下飞机，因为他不愿意让出他购买的座位。另一家航空公司取消了数次航班，声称机场跑道无法接收它的飞机，但是后来不得不承认是"出于商业原因"取消了航班。"商业"是这么回事吗？

你看到这里面的门道了吗？

当今诸多企业行为存在法律上的腐败问题。不仅企业如此，一些大学教授与制药公司相勾结，对一些关系到病人生死的药品漫天要价。经济学家对纵容这一丑闻的市场视而不见。市场！这些公司利用其垄断地位（也就是所谓的专利）大发其财，而这些专利则是由未能尽责监管价格的政府授予的。

何乐而不为呢？美国联邦最高法院已经把贿赂行为

"合法化"。公司现在可以尽情地为竞选捐款,以此换取数十亿美元的好处。后果是,病人因为缺乏他们负担得起且药厂也能充分赢利的药品而死亡。投资者却由此轻松获得巨额利润。什么样的社会可以容忍这种行为?可能就是你所在的社会。

你现在看出门道了吗?它不是一桩丑闻,而是一种综合征。如果我们不能有所行动,症状只会越来越严重。[62]

欢迎企业社会责任 2.0

推企业社会责任一把

我们为什么只看问题的表象,而不从根本上解决问题?例如,医学上把治疗疾病看得比预防疾病更重要。在这方面,乔纳斯·索尔克是个特立独行的人:他没去研究治疗脊髓灰质炎的方法,而是发明了一种疫苗来预防脊髓灰质炎。

0.0,1.0,2.0

企业社会责任(corporate social responsibility,CSR)也

差不多。一个公司关心社会或环境问题，人们会说这家公司有责任心。但是，试想一下，如果这家公司从源头上去解决社会或环境问题，岂不是更有责任心？找到更好的废物回收方法很好，但从根源上减少废物的产生更佳。然而，"漂绿"（greenwashing）并不值得称道，那只是假装对环境友好。它会让我们走向企业社会失责（corporate social irresponsibility, CSI）。

如今的企业社会失责事件可谓层出不穷，如银行在客户未曾申请的情况下为其开立户头，以及那些为公共竞选活动提供巨额私人资金的企业贿赂行为。

我们把"不负责任的活动"标记为 CSI 0.0，把"负责任地关注问题"标记为 CSR 1.0，把"实质性地从根源上解决问题"标记为 CSR 2.0。我们应该感谢 CSR 1.0 对损害的控制，但更应欢迎 CSR 2.0 扭转了损害。目前，我们急需更多的企业来承担严肃的企业社会责任。

失衡是根本原因

我认为社会的失衡是许多重大问题的根源，包括全球变暖和收入差距增大。[63]

在这方面，企业界绝不是无辜的旁观者。除了企业社会失责行为和美国的游说活动之外，化石燃料的推广加剧了全球变暖，股市对利益的无尽追求加剧了过度消费。与此同时，许多工人的收入因为企业采取的保护措施而日益减少。股东价值往往成为**唯一的价值**。

商业解决方案？

流行于工商界的解决方案是"为善者诸事顺"。问题在于，许多公司现在是不为善而诸事顺，或者不作为而诸事顺。换言之，现今没有"双赢"的童话王国。显然，我们需要重新恢复社会的平衡，做法是回归市场。

负责任的回答

那么，负责任的企业能做些什么？除了 CSR 2.0，它们还可以挑战其他一些企业的不作为，尤其是通过支持立法来纠正。私营企业需要加大与社会其他部门的合作，两者地位平等。

所以，请不要再遵照以前的做法了，尤其是 CSI 0.0。现在是时候超越 CSR 1.0，迈向 CSR2.0 了；也是时候让我们国家所有的公民和其他国家的公民，不管是否身在工商界，都变得更加积极负责了。

第七章
明天的故事

温斯顿·丘吉尔 （1942 年）

这不是结束,甚至不是结束的开始。不过,这可能是开始的结束。

Bedtime
Stories
for
Managers

寻常创造力的不寻常力量

创造力的形态

　　柴可夫斯基的小提琴协奏曲真是令人沉醉。有多少人拥有此等创造力呢？不过，另外一种创造力倒是人人皆有。虽说实属寻常，但它有可能产生非比寻常的结果，让整个世界为之改观。全在于一个小小的转折。

　　我用曾经听到的一个笑话来解释一下："我想像我的祖父那样，在睡梦中安静地离开这个世界。不像另外一些人那样，狂呼尖叫中死在车里。"我们想象祖父躺在床上离开人世，但实际上他去世时正在开车。这实际上是个小小的出人意料的转折，是许多笑话的内核。

当然，笑话改变不了世界，柴可夫斯基的小提琴协奏曲也改变不了世界。但是，如果你会讲笑话，你就有能力制造一个小小的转折，这意味着你也有能力改变世界。

这个小小的转折会带来什么呢？1928 年，亚历山大·弗莱明在他位于伦敦的实验室里做研究。一天，他注意到霉菌杀死了培养皿里的一些细菌。"真有意思。"他说。标准的做法是丢弃这些样本，继续进行研究。弗莱明按照标准做法做了处理，但跟一位同事聊完天之后，他从垃圾桶里捡回了这些样本，然后问自己这个霉菌是否可以用来杀死人体中的破坏性细菌。那是关键的一刻，一个小小的转折。起初看似是垃圾的东西突然变成了机遇。

14 年之后，他当时命名为"盘尼西林"（青霉素的音译）的发现才用于临床治疗感染。回首这一切，弗莱明说："1928 年 9 月 28 日，我在黎明之际醒来时，当然没打算要去发现世界上第一种抗生素或细菌杀手，从而彻底改变整个医学界。"[64]但事情就这样发生了，多亏了从垃圾桶到工作台，又到人类身体的这个小小的转折。

也不要忘了宜家的那个小小的转折：它把桌子腿卸了

下来，把桌子装进汽车，此举改变了整个家具行业。顺便说一句，这一转变也花费了很长时间。宜家花了15年的时间才完全理顺。

可能你从未写过了不起的小提琴协奏曲，但是我敢说你想出过不少小笑话。所以，为什么不利用这种天赋来做点更严肃的事情呢，比如改变世界？

客户服务：流于表面，还是发自内心

据说世界上有两种人：相信世界上有两种人的人和不相信这种说法的人。可能吧。不过，我确实知道市场上有两种公司：一种公司宣称"有客户服务"，另一种公司真正"为客户服务"。二者皆非的公司不在讨论之列。

为客户服务不是一种技巧，也不是一套流程，而是一种生活方式，一种经营哲学。为了赚钱而招待客户，这不是为客户服务。你头脑中在判断孰先孰后：你眼里看到的是钱，那就看不见人；你眼里看到的是人，那就会合理定价，收获满意度，从而风生水起。

把公司做上市，由一群只盯着钱的人掌控公司。这样一来，公司上下所有人的眼里也都只看到了钱。举个例子来说，你让销售人员拿提成，猜猜看，在他们眼里走进门来的是什么？一堆钱。大多数大公司都是通过"为客户服务"起步的，这也是它们能由小做大的原因。我很钦佩那些上市之后依然能不忘初心，继续为客户服务的公司。

真心为客户服务会带给人什么感觉？很简单：真实。你肯定感觉得到。在加拿大魁北克省一家令人赏心悦目的餐厅里，有一个很棒的服务员。他是我见过的最快乐、最友善的服务员。我不知道他叫什么名字,因为他不会严格按照客户服务的那套流程跟我说:"您好,我是×××,今天由我为您服务!"

客户服务经常让人感觉疏远,比如有些公司一边让你拿着电话等,一边说"感谢您购买我们的产品!"。(言外之意大概是:我们的时间比你们的宝贵多了。)或者看看沃尔玛门前那些程序化的迎宾员。一个工作日的下午,我去逛沃尔玛,当时真希望它能让迎宾员回到店里,把散落在货架上的乱七八糟的商品摆放整齐。还有我们亲爱的老牌航空公司——加拿大航空公司,在它垄断蒙特利尔到波士顿的航线后,停止售票前最后一分钟的单程票价还高达1066美元!(往返票价就是2132美元,我给数学不太好的人计算一下。)要知道,这条航线的飞行时间还不到一个小时。加拿大航空公司就是这样提供客户服务的,在飞往波士顿的途中,它只看到了钱。

这样就导致了一切向钱看的客户服务——只对财大气粗的客户大献殷勤。客户一进门,销售人员就在心里给他们分三六九等,确定对哪些人置之不理。我对本田汽车一位态度非常差劲的销售员说:"你能给我个最优惠的价格吗?"他回答说:"你现在买车吗?如果现在不买,我为什么要告诉你最低价？你肯定会到别的经销商那里，告诉他们我们的最低价。"

我当时正在对汽车比价。买车是买房之外的另一笔大额支出，当然得货比三家。我去了另外一家本田经销商那里，销售员当场就给了我最优惠的价格，我也立马把车买了下来。我不准备回去找那个态度糟糕的销售员，即使他给我一个更优惠的价格，我也不会从他那里买。

这就引出了另外一个问题：尊重销售人员。顾客，即使是超级有钱的顾客，如果对服务他们的人缺乏尊重，或许就会得到流于表面的客户服务。因为，他们不值得销售人员提供真心的服务。顾客对销售人员缺乏尊重，雇主对他们也不够厚道，那他们怎么能善待顾客，即使是言行得体的顾客？

更多等于更好吗

贪欲可以休矣,到处都是过度生产和过度消费,这带来了无数的有害垃圾,造成全球气候变暖。追求利润最大化正在严重破坏我们的企业、我们的社会、我们的地球,还有我们自己。我们可以变得更好。

创办一家企业

你有一个吸引人眼球的主意和充沛的精力,但缺乏资金。你从信任你的银行那里获取了贷款,再加上你的积蓄(那是你每天辛苦工作15个小时赚来的血汗钱),你创办了一家企业。你成功了!你的顾客满意,你的雇员尽责。你感觉好极了,经济条件上也因此受惠。每个人都是赢家。

你这么做可能是为了赚很多钱,可能是想功成名就,也可能是不想在别人手下打工。但是,如果你是个认真的创业者,你会有更大的抱负:打造一个充满吸引力的企业,这个企业不仅有你的领导力,还拥有自己独特的社区力。

但是，随着企业的成长，你开始担心：如果我被卡车撞了怎么办？或者你想在资源有限的条件下，让企业更快地发展。你做金融的朋友告诉你可以进行IPO：套现或者募资。让股东为公司的快速发展提供资金，这主意听起来很棒，所以你同意了。这是个转折点。

要得更多

麻烦的第一个迹象，就是你意识到自己只是要得很多，但股市要得更多。它不关心你的想法、你的理想、你

的客户、你的员工，它只关心股东价值持续快速地增长。你发现这与正直的价值观，包括你自己的价值观，相差了十万八千里。你现在经营的是一家上市公司，所以你必须不断地喂养这头巨兽。

我们来看一个骇人听闻的例子。2015年3月，一名精神失常的飞行员驾驶一架德国之翼航空公司的客机撞上一座山峰，机上150人全部遇难。仅仅一个月后，《纽约时报》一篇报道股东大会的文章写道："在汉莎航空[⊖]面临紧迫的商业挑战之际……许多股东表示担忧……德国之翼的悲剧有可能会干扰汉莎航空的管理层在扭转公司局面方面的举措。"一位投资组合经理声称，汉莎航空的管理层"必须回归现实"。[65] 蓄意谋杀150人这个事件似乎让管理层分了心——所谓现实就是管理层需要收心，为股东管理股东价值。

让我们回到你的现实世界：由于你实行了IPO，一种异样的感觉取代了以往的那种社区感，笼罩着你的企业。市场分析师在分析，短线交易员在交易，金融巨鳄在伺机而动，华尔街之狼要求你每季度提交一份业绩报告。每季

⊖ 德国之翼航空公司成立于2002年，于2008年被德国汉莎航空公司收购，成为汉莎航空的一家子公司。——编者注

度交一次报告？这个样子还怎么经营公司啊？！

那次 IPO 真的值得吗？

为时已晚。无论如何，尽管伴随着更大的压力，你还是获得了更大的增长。不过，你最终发现老客户流失殆尽，用以前的理念很难吸引到新客户，用新的价值观引导下的新理念吸引新客户也是困难重重。因此，关键问题来了："已经无法获得更多的时候，我怎样才能实现利润最大化？"

掠夺企业。依照其他上市公司的经验，答案唾手可得。

- 好好盘剥现有客户。迷惑性定价是个好主意：让客户捉摸不透你的定价。或者对客户不得不用的产品收取高额服务费。
- 降低品质。这招特别常见：你曾经对产品质量引以为傲，但有些客户嫌贵，你现在可以迎合这些客户的需要了。靠这张老牌子，降低品质，你可以大大增加收入。
- 如果增收无门，你还可以削减成本——降低服务费用支出、减少研发投入，大幅度削减一切成本。当然，高管薪酬不能动。
- 不要忘了压榨员工，跟他们签订短期合同，压低工资，取消一切福利。或者干脆全部解雇，工作外包到海外。

如果上述方法都不行，那就开展多元化经营，进入各个你一无所知的新行业。这又怎么样？你现在做大了，有大把的钱投向这些项目。

掠夺社会。你的企业现在已经变成一家跨国公司，干吗不用一些不光彩的手段去谋取更大的利益。

- 与竞争对手沆瀣一气，组成垄断联盟，或者干脆以竞争的名义把它们都买下来。
- 打着自由企业的名号，游说各国政府为你所在的行业提供补贴，取消那些恼人的监管规则。
- 如果你真的破产了（走掠夺之路的公司最终会走到这一步），不必害怕：你已经"大到不能倒了"。政府在某些情况下会出手保你，把你失败的代价转嫁给整个社会。为这些伎俩鼓与呼的经济学家称之为"外部成本"。

掠夺自己。有一天你一觉醒来，意识到自己也已经变成受害者：我是否因为实行了IPO，该为这一切负责？我曾经热爱我的事业。我开开心心地为客户服务，这些客户都是我辛辛苦苦争取来的。我为我的企业、我的产品、我的员工感到自豪。而现在，客户写邮件毫不客气地指责我，员工遇到我的时候（他们很少遇到我）都怒目圆睁。为什么我创办了一家人人热爱的企业，结果却只能放弃它？我曾经是愉快的探索者，现在成了惹人讨厌的掠夺者。我靠吃声誉、吃老本换到了一笔财富，可我都还没来得及花钱。

想象一下，一个国家到处都是这种企业，更别说整个地球都是如此了，我们离这一步不远了。把原本可以循环利用的资源据为己有，建立起发展迅速的新企业——扭曲我们的经济，削弱我们的社会，弱化我们的社区力；操纵国家之间相互竞争——破坏我们的民主；竭力推动生产和消费——摧毁我们的地球。不是所有的企业都是这样，但太多企业正在这么做。我们还能再承受多少？[66]

单一维度的公司，就像单一维度的人一样，是病态的。它们是入侵物种，不应该存在于一个健康的社会里。爱德华·艾比在1978年说过的一句话最贴切："为增长而增长，是癌细胞的意识形态。"[67]

变得更好

现在，把自己带回到IPO那个节点，那个决定你命运走向的决策。在打造企业的过程中，你一直是领导者，为什么在IPO这件事情上，你让自己变成了追随者？你真的必须承恩于唯利是图的股票市场吗？

对于成长中的企业，要取得资金支持，有更好的办法，例如：

- 找到一些耐心、正直的资本，让你能够负责任地、可持续地增长。
- 进行 IPO，但应像印度的塔塔集团和丹麦的许多大公司那样，通过发行由基金会控制多数有投票权的股份来让分析师望而却步。
- 考虑一下转变为 B 型企业（benefit corporation，也称共益企业），承诺在尊重财务需求的同时尊重社会和环境需求。

对于新创办的企业：

- 如果你不需要大量投资，可以考虑依靠贷款和留存收益。反正对真正有创业精神的企业家来说，自己积累的第一笔资本才是真正的投资。

- 考虑一下以合作社的形式建立企业。每个客户、供应商（如农民合作社）或员工（如 1955 年后西班牙的蒙德拉贡联合公司，现在有 7.2 万名员工）都拥有一股。

- 或者把你现在的公司交给员工。你知道，不像那些貌似拥有公司的日内交易员，员工们是真正关心公司。比起毁掉你精心打造的公司，这是上上策。实际上早在 1950 年，英国的约翰·刘易斯合伙公司（John Lewis Partnership）就已经采用了这个方法。迄今为止，其在竞争激烈的百货商店和超市中一直发展良好，拥有 8.4 万名"合伙人"。

- 可以创办一家社会企业———一家不属于任何人的企业。我们周围有很多这样的企业。我的另一半是一位租赁经纪人，代理一座有 250 套公寓的大楼，专门租给 50 岁以上的人。可以说这是一家非营利性企业，企业氛围真的是迥然不同！甚至许多知名的非政府组织也在行动，毕竟红十字国际委员会已经开了先河。

好上加好。经济学家坚持认为,追求利润最大化就是在前进。不,无论是从经济还是社会的角度来看,这么做都是在倒退。我们不必为了一个毫无意义的教条而毁灭我们的后代和我们的星球。当然,我们需要发展和就业,但必须是有良知的发展和稳健的就业。维系一个健康的社会,我们需要负责任的和多元化的经济,而不是靠唯利是图的单一维度增长驱动的经济。股市已经对经济造成了严重的损害。

世界各地都有需求得不到满足的贫困人口,他们需要更多的食物、更大的居住空间、更多的就业机会和更多的安全感。他们不需要拖累所谓发达世界的利润最大化。

因此,让我们从追求利润最大化转向追求变得更好,追求质量而非数量,这样才能提升而不是拉低我们。我们可以在耐用产品、健康食品、个性化服务和富有活力的教育上投入努力。向更好的方向转变,不但不会减少就业,还能提高就业水平,让人们在更健康的组织中找到报酬更高的工作。当我们工作变得更好,我们也会感觉更好,生活也因此变得更为美好。想象一个摒弃了追求利润最大化而变得越来越好的世界吧!

做好自己:"第一"这个标准太低了

1997年,我从蒙特利尔搭乘红眼航班抵达希思罗机场。斯图尔特·克雷纳在机场采访了我,当时他和戴斯·狄洛夫正在写一本关于管理大师的书。

斯图尔特说,管理大师这个"行业"一定竞争很激烈。"一点也不激烈,"我回答道,"我从来没有感觉到任何竞争。"然后,我在倒时差的昏昏沉沉中脱口而出(每个字言犹在耳):"我从来没有想过要做第一。这个标准太低了。我的目标是做好。"

我并非出言傲慢,宣称自己比第一还要好。我只是跳出了执念,不追求成为第一。我的意思是,那些把工作做到极致的人都是在跟自己竞争,而不是跟别人竞争——他们把自己做到了最佳。

再说,谁能说清楚什么是"第一"呢?柴可夫斯基比贝多芬更好吗?伊迪丝·皮雅芙[一]是最佳歌手吗?谁知道呢,但是她真是好得非比寻常。实际上,她无与伦比,从

[一] 伊迪丝·皮雅芙(1915—1963),法国著名女歌手,代表作有《玫瑰人生》《爱的礼赞》等。——译者注

来不用担心自己被贴上"第一"的标签。迈克尔·波特在如何提高企业竞争力方面著作颇丰,写代表作《竞争战略》时,他在和谁竞争?

在这点上,我最喜欢西尔维·伯妮尔(Sylvie Bernier)的故事。在1984年洛杉矶奥运会上,当时20岁的她获得了一枚女子跳水金牌。西尔维后来参加了我们的国际医疗领导力硕士项目,我俩因此相识。有一天我问她,获得如此高荣誉的运动员有什么与众不同之处?

西尔维给我讲了一个不同寻常的故事,不是关于其他奥运奖牌获得者的,而是关于她参加那一届奥运会的经历。进入决赛后,她屏蔽了所有人和事物,她的教练、父母、记者,报纸、广播与电视,即所有可能告诉她比赛状况如何的信息来源。

最后一跳完浮出水面时,西尔维无从知道她是获得了金牌,还是一无所获。可能这就是她获得金牌的原因。西尔维当然想成为第一,因为每项奥运会比赛项目只有一枚金牌。但是,她实现这一目标的方法是尽最大的努力,与自己竞争。

所以,让我们心存标准,同时放下那个成为"第一"的执念,凝心聚力,尽力做好自己,如此前行。

我的爱犬妮可在尽力弹跳

注：该照片由苏珊·明茨伯格拍摄。

起床啦

吃掉西式炒蛋,那些指挥台上的、地上的,随处可见的炒蛋。

组织应该像一整头牛,这样平凡的人才能迸发出非凡的想法。

有时候,你在思考之前一定要先去看一看、做一做,让你的战略像花园里的杂草那样生长。

你无法衡量?很好:实施管理!你缺少证据?很好:去获取经验!

当心像蜜蜂一样嗡嗡飞舞的董事会、能扼杀家族企业精神的 IPO、可耻的企业社会失责、过度分析的分析师。分析你自己吧,为了效果,而不是为了效率。

缩减词语量:别再说"高级管理层"了;扔掉"股东价值";在医院和其他机构里清除"战略规划""人力资源""客户服务""转型""CEO"等标签。

最重要的是,为了伟大的生命本来的幸福,尽你最大的努力!

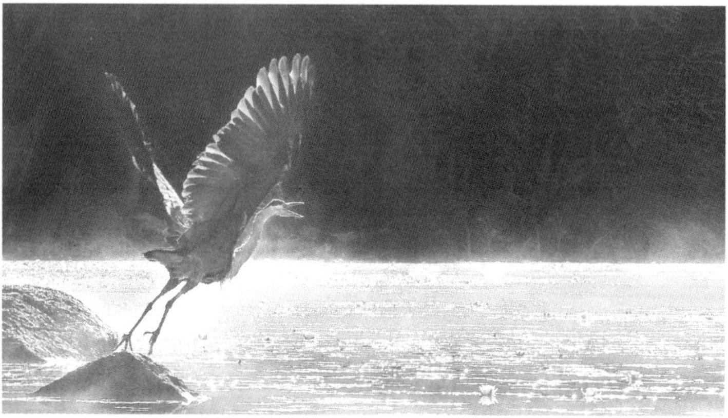

注 释

第一章 管理的故事

1. See my book *The Flying Circus: Why We Love to Hate Our Airlines and Airports*, 2005; available at: http://www.mintzberg.org/sites/default/files/book/flying_circus_whole_book_august_2005.pdf.

2. See my article "Covert Leadership: Notes on Managing Professionals," where I describe observing a conductor in rehearsal for a day. *Harvard Business Review*, November–December 1998, https://hbr.org/1998/11/covert-leadership-notes-on-managing-professionals.

3. Peter F. Drucker, *The Practice of Management* (New York: Harper & Row, 1954), 341–342.

4. Sune Carlson, *Executive Behaviour: A Study of the Workload and the Working Methods of Managing Directors* (Stockholm: Strombergs, 1951), 52.

5. Leonard R. Sayles, *Managerial Behavior: Administration in Complex Organizations* (New York: McGraw-Hill, 1964), 162.

6. The internet is loaded with videos about conductors as leaders. See the TED Talk with Itay Talgam (October 21, 2009), which I think best captures both sides of this issue: https://www.youtube.com/watch?v=Wn1fV47NaWY.

7. Warren Bennis, *On Becoming a Leader* (Philadelphia: Basic Books, 1989); and Abraham Zaleznik, "Managers and Leaders: Are They Different?" *Harvard Business Review*, January 2004, https://hbr.org/2004/01/managers-and-leaders-are-they-different.

8. Mie Augier, "James March on Education, Leadership, and Don Quixote: Introduction and Interview," *Academy of Management Learning & Education* 3, no. 2 (2017): 173. doi: 10.5465/amle.2004.13500521.

9. See chapter 6 of my book *Simply Managing: What Managers Do — and Can Do Better* (San Francisco: Berrett-Koehler, 2013).

10. See chapter 3 of both my books *The Nature of Managerial Work* (New York: HarperCollins, 1973) and *Simply Managing*.

11. Terry Connolly, "On Taking Action Seriously" in Gerardo R. Ungson, ed., *Decision-Making: An Interdisciplinary Inquiry* (Boston: Kent, 1982), 45.

12. For more on this and related topics, see Henry Mintzberg, Bruce Ahlstrand, and Joseph Lampel, *Management: It's Not What You Think!* (AMACOM, 2010).

13. See my July–August 1987 article "Crafting Strategy" at https://hbr.org/1987/07/crafting-strategy. For more, see *Tracking Strategies: Toward a General Theory* (New York: Oxford University Press, 2007), *Strategy Bites Back* (Harlow, UK: Pearson, 2005), and *Strategy Safari: A Guided Tour through the Wilds of Strategic Management* (New York: Prentice-Hall, 2009; also Free Press, 1998).

第二章　组织的故事

14. I first used the word *communityship* in "Community-ship Is the Answer," *Financial Times,* October 23, 2006; see also my article "Rebuilding Companies as Communities," *Harvard Business Review,* July–August 2009, https://hbr.org/2009/07/rebuilding-companies-as-communities.

15. For more pictures of this beaver collection, please see *www.mintzberg.org/beaver.*

16. "The current body of internet research indicates that the internet has not caused a widespread flourishing of new relationships"; people mostly communicate with others they already know, and when they do meet people online, the relationships that continue "tend to migrate offline" (D. D. Barney, "The Vanishing Table, or Community in a World That Is No World," in *Community in the Digital Age: Philosophy and Practice* [Lanham, MD: Rowman and Litttlefield, 2006], citing Boase and Wellman).

17. Thomas L. Friedman, "Facebook Meets Brick-and-Mortar Politics," *New York Times,* June 9, 2012, https://www.nytimes.com/2012/06/10/opinion/sunday/friedman-facebook-meets-brick-and-mortar-politics.html.

18. Cases at Harvard Business School "exaggerate the role of individual leaders: 62 per cent of cases feature heroic managers acting alone," according to an internal HBS study. (Andrew Hill, "Harvard and Its Business School Acolytes Are Due a Rethink," *Financial Times,* May 7, 2017, https://www.ft.com/content/104359b4-3166-11e7-9555-23ef563ecf9a.)

19. John P. Kotter, "Leading Change: Why Transformation Efforts Fail," *Harvard Business Review,* March–April 1995; reprinted January 2007; the table and quote are from the later version.

20. "1956: Designing Furniture for Flat Packs and Self-Assembly," Ikea.com, accessed July 31, 2018, https://www.ikea.com/ms/fr_MA/about_ikea/the_ikea_way/history/1940_1950.html.

21. In the last paragraph of the Kotter article, the author noted that "In reality, even successful change efforts are messy and full of surprises." This sentence belonged in the first paragraph, where it could have changed many of the other paragraphs.

22. Regina E. Herzlinger, "Why Innovation in Health Care Is So Hard," *Harvard Business Review,* May 2006, https://hbr.org/2006/05/why-innovation-in-health-care-is-so-hard.

23. Harry Braverman, *Labor and Monopoly Capital: The Degradation of Work in the Twentieth Century* (New York: Monthly Review Press, 1974), 87.

24. See part II of my book *Mintzberg on Management* (New York: Free Press, 1989). The original book, *The Structuring of Organizations,* and the shortened version, *Structure in Fives,* are widely available in many languages, less so in English. A revision of this book is underway, with the working title *Understanding Organizations . . . Finally.*

第三章　分析的故事

25. Robert S. Kaplan and Michael E. Porter, "The Big Idea: How to Solve the Cost Crisis in Health Care," *Harvard Business Review*, September 2011, https://hbr.org/2011/09/how-to-solve-the-cost-crisis-in-health-care.

26. Alfred North Whitehead, *Science and the Modern World* (Cambridge: Cambridge University Press, 1925).

27. See my article "Beyond Implementation: An Analysis of the Resistance to Policy Analysis" in K. Brian Haley, ed., *Operational Research 1978: International Conference Proceedings* (Amsterdam: Elsevier, 1979), 106–162; a shorter version appeared in *INFOR* in May 1980.

28. Herbert A. Simon, *Administrative Behavior: A Study of Decision-Making Processes in Administrative Organization*, 2nd ed. (New York: Macmillan, 1957), 14.

29. See my article "A Note on That Dirty Word 'Efficiency,'" *Interfaces* 12, no. 5 (1982), 101–105, https://doi.org/10.1287/inte.12.5.101.

30. From Abraham Kaplan, *The Conduct of Inquiry: Methodology for Behavioral Science* (New York: Routledge, 1998; also Chandler, 1964).

31. Attributed to Josiah Stamp, 1929, cited in Michael D. Maltz, *Bridging Gaps in Police Crime Data: A Discussion Paper from the BJS Fellows Program* (Washington, DC: Bureau of Justice Statistics, 1999), 3, https://www.bjs.gov/content/pub/pdf/bgpcd.pdf.

32. In his account of "statistics and planning" in the British Air Ministry during World War II (*Planning in Practice: Essays in Aircraft Planning in War-time* [Cambridge: Cambridge University Press, 1950]), Ely Devons wrote that the collection of such data was extremely difficult and subtle, demanding "a high degree of skill," yet it "was treated…as inferior, degrading and routine work on which the most inefficient clerical staff could best be employed" (134). Errors entered the data in all kinds of ways, even just treating months as normal although all included some holiday or other. "Figures

were often merely a useful way of summing up judgement and guesswork" (155). Sometimes they were even developed through "statistical bargaining." But "once a figure was put forward...no one was able by rational argument to demonstrate that it was wrong" (155). "And once the figures were called 'statistics,' they acquired the authority and sanctity of Holy Writ" (155).

33. See my book *Managing the Myths of Health Care: Bridging the Separations between Care, Cure, Control, and Community* (San Francisco: Berrett-Koehler, 2017).

34. Robert F. Kennedy, "Remarks at the University of Kansas" (speech, Lawrence, KS, March 18, 1968), http://www.jfklibrary.org/Research/Research-Aids/Ready-Reference/RFK-Speeches/Remarks-of-Robert-F-Kennedy-at-the-University-of-Kansas-March-18-1968.aspx.

35. Seth Mydans, "Recalculating Happiness in a Himalayan Kingdom," *New York Times*, May 6, 2009, http://www.nytimes.com/2009/05/07/world/asia/07bhutan.html.

36. "2010 Survey Results: Results of the Second Nationwide 2010 Survey on Gross National Happiness," accessed August 4, 2018, http://www.grossnationalhappiness.com/survey-results/index.

37. "ACM: Cultural Marxism: The Highest Stage of RW Brakin' 2 Eclectic Bugaboo," Daily Kos, March 22, 2015, https://www.dailykos.com/stories/2015/3/22/1366643/-Anti-Capitalist-Meetup-Cultural-Marxism-the-highest-stage-of-RW-brakin-2-eclectic-bugaboo.

38. "Bhutan's 'Gross National Happiness' Masks Problems, Says New Prime Minister," *Telegraph,* August 2, 2013, https://www.telegraph.co.uk/news/worldnews/asia/bhutan/10217936/Bhutans-gross-national-happiness-masks-problems-says-new-prime-minister.html.

39. Gardiner Harris, "Index of Happiness? Bhutan's New Leader Prefers More Concrete Goals," *New York Times*, October 4, 2013, https://www.nytimes.com/2013/10/05/world/asia/index-of-happiness-bhutans-new-leader-prefers-more-concrete-goals.html.

40. "Bhutan's 'Gross National Happiness' Masks Problems."

41. F. Scott Fitzgerald, "Part I: The Crack-Up," *Esquire,* February 1936 (reprinted March 7, 2017), https://www.esquire.com/lifestyle/a4310/the-crack-up.

第四章　发展的故事

42. David W. Ewing, *Inside the Harvard Business School,* citing Howard Stevenson (New York, Times Books, 1990), 273.

43. Francis J. Kelly and Heather Mayfield Kelly, *What They Really Teach You at the Harvard Business School* (New York: Warner, 1986).

44. David W. Ewing, *Inside the Harvard Business School* (New York: Crown, 1990).

45. Michael Kinsley, "A Business Soap Opera," *Fortune,* June 25, 1984.

46. Brian O'Reilly, "Agee in Exile," *Fortune,* May 29, 1995, http://archive.fortune.com/magazines/fortune/fortune_archive/1995/05/29/203144/index.htm.

47. See my article with Joseph Lampel "Do MBAs Make Better CEOs? Sorry, Dubya, It Ain't Necessarily So," *Fortune,* February 19, 2001; and my book *Managers Not MBAs: A Hard Look at the Soft Practice of Managing and Management Development* (San Francisco: Berrett-Koehler, 2004), 111–119.

48. Danny Miller and Xiaowei Xu, "A Fleeting Glory: Self-Serving Behavior among Celebrated MBA CEOs," *Journal of Management Inquiry* 25, no. 3 (2015): 286–300.

49. Danny Miller in an interview. See Nicole Torres, "MBAs Are More Self-Serving Than Other CEOs," *Harvard Business Review,* December 2016.

50. Danny Miller and Xiaowei Xu, "MBA CEOs, Short-Term Management and Performance," *Journal of Business Ethics* (February 2, 2017).

51. Attributed to Henry Ford, Albert Einstein, and Mark Twain. Einstein actually put it this way: "Insanity is doing the same thing over and over again and expecting a different result."

52. International Masters Program for Managers (impm.org)

is for business; later we created a similar program for health care: International Masters for Health Leadership (imhl.org).

53. "This is the best management book I ever read," IMPM graduate Silke Lehnhardt told colleagues at Lufthansa who were about to start the program. She was holding up her Insight Book, which is given to everyone, blank, at the start of the program. Every day begins with morning reflections, first alone as everyone records thoughts in that book about their learning, their managing, their life. Then they share their insights with colleagues around the table, followed by discussion in a big circle of the most compelling ones. Shouldn't every manager's best management book be the one they have written for themselves?

54. See chapters 1–6 of my book *Managers Not MBAs*; also the articles "Looking Forward to Development," *Training and Development*, February 13, 2011, available at https://www.td.org/magazines/td-magazine/looking-forward-to-development; "From Management Development to Organization Development with IMPact," *OD Practitioner* 43, no. 3 (2011), available at http://www.mintzberg.org/sites/default/files/article/download/odpractitionerv43no3.pdf; and Jonathan Gosling and Henry Mintzberg, "The Five Minds of a Manager," *Harvard Business Review*, November 2003, https://hbr.org/2003/11/the-five-minds-of-a-manager.

55. D. D. Guttenplan described his experience in "The Anti-MBA," *New York Times*, May 20, 2012, https://www.nytimes.com/2012/05/21/world/europe/21iht-educlede21.html.

56. This story is co-authored with Jonathan Gosling.

第五章　情境的故事

57. See David G. Moore and Orvis F. Collins, *The Organization Makers* (New York: Appleton-Century-Crofts, 1970); the 1964 Appleton edition was published under the title *The Enterprising Man*.

58. T. S. Eliot, "Little Gidding," http://www.columbia.edu/itc/history/winter/w3206/edit/tseliotlittlegidding.html.

59. See my book *Managing the Myths of Health Care: Bridging the Separations between Care, Cure, Control, and Community* (San Francisco: Berrett-Koehler, 2017).

60. See my article "Managing Government, Governing Management," *Harvard Business Review,* May–June 1996, https://hbr.org/1996/05/managing-government-governing-management; see also Jacques Bourgault, *Managing Publicly: Monographs of Canadian Public Administration* no. 25 (Toronto: Institute of Public Administration of Canada, 2000).

第六章　责任的故事

61. David Kocieniewski, "A Shuffle of Aluminum, but to Banks, Pure Gold," *New York Times,* July 20, 2013, https://www.nytimes.com/2013/07/21/business/a-shuffle-of-aluminum-but-to-banks-pure-gold.html.

62. See my book *Rebalancing Society: Radical Renewal beyond Left, Right, and Center* (San Francisco: Berrett-Koehler, 2015).

63. See my article "Who Should Control the Corporation?" *California Management Review* 27, no. 1 (1984), http://journals.sagepub.com/doi/10.2307/41165115. Also see part IV of my book *Power in and around Organizations* (1983), available at http://www.mintzberg.org/books/power-and-around-organizations.

第七章　明天的故事

64. Siang Yong Tan and Yvonne Tatsumura, "Alexander Fleming (1881–1955): Discoverer of Penicillin," *Singapore Medical Journal* 67, no. 7 (2015); doi: 10.11622/smedj.2015105.

65. Nicola Clark, "Germanwings Crash Looms Large at Lufthansa Shareholders Meeting," *New York Times,* April 29, 2015, https://www.nytimes.com/2015/04/30/business/germanwings-crash-looms-large-at-lufthansa-shareholders-meeting.html.

66. See my book *Rebalancing Society: Radical Renewal beyond Left, Right, and Center* (San Francisco: Berrett-Koehler, 2015).

67. Edward Abbey, *One Life at a Time, Please* (New York: Henry Holt, 1978, 1988), 22.